START-UP

문해력 수업

왜? 어떻게? 손잡고 국어수업 02

START-UP

문해력 수업

글 안연규

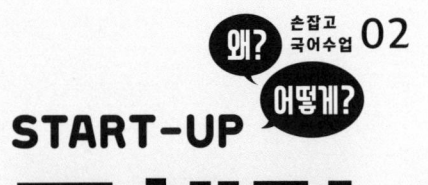

'손잡고 국어수업' 시리즈를 펴내며

아름다운 수업

교사라면 누구나 아름다운 수업을 꿈꿉니다. 그래서인지 수업 사례를 다룬 책이나 연수가 쏟아지고 있습니다. '수업 디자인'이라는 말도 유행합니다.

디자인이 뭐냐는 물음에 누군가는 이렇게 답했습니다. "인문학적 상상의 공학적 실현". 그러면서 "디자인은 손재주가 아니에요. 사람들의 삶을 어떤 방향으로 바꾸고 싶다는 인문학적 상상이 먼저입니다."라고 덧붙였습니다.

교육공학을 전공한 교수님도 그와 비슷한 얘기를 했습니다. "수업 방법은 다음 문제예요. 어떤 수업을 하고 싶은지, 왜 그런 수업을 하고 싶은지 그걸 먼저 생각해야 합니다. 그에 따라 수업 방법이 결정되기 때문입니다."

국어 교사 단톡방에서 오가는 대화

"○○와 ㅁㅁ의 차이가 뭔가요?"

"△△는 어떻게 가르치면 되나요?"

국어 교사들이 모인 단톡방에 가장 많이 올라오는 질문입니다. 당장 내일 해야 할 수업을 앞에 놓고 막막한 마음에 올린 질문이겠죠. 오죽 답답하면 이런 질문을 하셨을까요? 그런데 조금만 여유를 가지고 '왜?'라는 질문을 먼저 던져보면 어떨까요? 그러면 '어떻게?'에 대한 답은 자연스럽게 따라오지 않을까요?

왜?

새는 두 날개만으로 날지 않습니다. 물고기는 지느러미로만 헤엄치는 게 아닙니다. 머리를 돌려 올바른 방향을 잡는 일이 먼저입니다. 그래서 이 책에서는 '왜?'라는 질문으로 시작합니다. 이 물음은 '삶' 또는 '성장'과 맞닿아 있습니다. 가르치고 배우는 사람이 더불어 성장하는 수업을 하려면 '왜?'라는 질문을 붙들어야 합니다.

나는 왜 이걸 가르치는가?

이걸 배워서 우리 아이들이 어떤 방향으로 성장하기를 바라나?

공자님께서도 "學而不思則罔(학이불사즉망)"이라고 하셨습니다. '망(罔)'은 그물입니다. 그물에는 구멍이 숭숭 뚫려 있습니다. 속 알맹이가 없죠. 열심히 가르치고 배우지만 수업이 끝나면 허망할 때가 많습니다. '왜?'라는 질문이 빠졌기 때문입니다. 성긴 그물 사이로 삶의 알맹이가 죄다 빠져나가고 빈껍데기만 남았기 때문입니다.

'왜?'에 대한 답을 찾으려면 찬찬히 관찰해야 합니다. 교육과정에서는 어떤 목표를 제시하고 있는지, 교과서에서는 어떻게 구현하고 있는지, 학생들은 어떤 수준과 상황인지, 학생들이 살아갈 우리 사회는 어떻게 변하고 있는지……. 처음에는 어려울 수 있지만 자꾸 연습하면 꼬리에 꼬리를 물고 해답이 따라 나옵니다. 고구마 줄기처럼.

어떻게?

교사가 아무리 선한 의도와 간절한 열망을 가졌다 해도 수업이 그저 되지는 않습니다. 열심히 날개를 퍼덕이고 지느러미를 움직여야 합니다. 인문학적 상상을 실현할 공학적 실천이 필요합니다.

공자님께서는 이어서 말씀하십니다. "思而不學則殆(사이불학즉태)". '태(殆)'는 위태롭다는 뜻입니다. 흐물흐물해서 제대로 설 수 없는 상태죠. 아무리 멋진 생각이 있어도 그걸 어떻게 실현할지 모른다면 소용이 없습니다. 올곧게 실천하려면 힘써 가르치고 배워야 합니다. 방법이나 요령이 필요합니다.

이 책에서는 이미 현장에서 실천해 본 사례를 몇 가지 소개합니다. 당연한 말이지만 이 사례를 곧이곧대로 베끼면 안 됩니다. 이 사례들은 '다만 하나의 몸짓'에 지나지 않습니다. 선생님들의 빛깔과 향기를 덧입혀 주세요. 선생님의 '왜?'라는 질문에 맞춰서 어떻게 적용할지 선택하셔야 합니다.

손을 내밀어 주세요

이 책은 더 아름다운 수업을 꿈꾸는 선생님들을 위한 책입니다. 선생님께서 국어 수업의 길을 찾으실 때 그 손을 잡아드리고자 이 책을 기획하게 되었습니다. 우리 책을 실마리 삼아 선생님만의 '왜?' '어떻게?'라는 질문을 얹어 더 아름다운 수업을 구상하시기를 기대합니다.

더 나아가 저자로 모시고 싶습니다. 선생님께서 실천하신 값진 수업 사례를 책으로 만들어주세요. 아직 완전하지 않아도 좋습니다. 그걸 책으로 엮는 과정에서 더 단단하게 틀을 다질 수 있기 때문입니다. 선생님께서 용기를 내신다면 또 다른 누군가에게 따스한 손길이 되리라 믿습니다. 선생님의 연락을 기다립니다.

손잡고 걸으면 외롭지 않습니다.
우리가 가르치고 배우는 일도 그랬으면 좋겠습니다.
함께 손잡고 '왜, 어떻게 가르칠까?' 길을 찾고자 합니다.

머리말

아이들의 문해력 향상을 위해

문해력이 부족하다는 말이 여기저기서 쏟아져 나오고 있다. 포털사이트에 '문해력'만 검색해 봐도 문해력 부족이 얼마나 큰 화두인지 쉽게 알 수 있다.

글을 읽지 않는 것이 가장 큰 문제라고 모두가 소리 높여 이야기한다. 책이 아닌 스마트폰에 길들어 있는 교실 속 우리 아이들. 어릴 적부터 익숙해진 스마트폰과 이제 와서 이별을 고하기에는, 너무 오랜 시간 우정을 쌓아와서 잠깐의 이별도 쉽지가 않다.

글을 읽어야 문해력이 길러진다는 사실을 모르는 사람은 없을 것이다. 하지만 문제는 아이들이 글을 읽기 싫어한다는 사실이다. 내가 교실 속에서 만나는 아이들은 몇 년 뒤면 성인이 되는 고등학생이다. 어렸을 적부터 책을 읽어본 경험이 별로 없는 아이들이 갑자기 책을 좋아하게 될까? 이 아이들에게 책을 들이밀면 거부감 없이 읽을 수 있을까? 이제 와서 독서 환경을 제공해 준다 한들 잘 따라올까? 쉽지 않은 일이다.

하지만 그렇다고 해서 포기할 수는 없었다. 나에게 아이들의 문해력은 단순히 언어영역 점수를 잘 받게 하는 일이 아니었기 때문이다. 글을 읽고 이해하는 능력, 말하고자 하는 바를 알아차리는 능력, 자신의 생각을 확장하는 능력, 더 나아가 타인과 잘 소통하고 궁극적으로 이 사회의 건

강한 구성원이 되는 것. 그것이 나의 문해력 수업의 목표였다.

이 책은 나와 같이 아이들을 이 사회의 건강한 구성원으로 성장시키기 위해 오늘도 고군분투하시는 국어 교사들을 위해 기획되었다. 아이들의 '문해력'을 키우기 위해 이것저것 시도해 보았던 어느 시골 국어 교사의 '수업 나눔 사례'이다.

1부 '왜?'에서는 내가 문해력 수업을 하게 된 이유를 정리했다. 2부 '어떻게?'에서는 교실에서 만나는 우리 아이들을 위해 재구성한 문해력 수업 모형인 'START-UP' 프로그램을 소개한다. 각 단계의 수업 사례에는 나와 아이들의 생생한 경험담과 수업 과정이 담겨 있다. 이 사례들이 정답은 아니기에 각 단계마다 유의점과 한계점도 짚었다.

많은 시행착오를 거쳐 이 프로그램을 만들었고, 지금도 조금씩 다듬어 가고 있다. 하지만 나와 아이들이 호흡을 맞춰 진행했던 프로그램이라, 이 책을 읽는 선생님들이 교실에서 만나는 아이들과 수업하기에 딱 들어맞지 않을 수도 있다. 그렇기에 이 책에 나와 있는 단계를 그대로 따르지 않아도 된다. 순서를 재구성해도 되고, 아니면 수업 상황에 맞게 몇 가지 활동만 따로 떼서 활용해도 된다. 이 책에서 다룬 사례가 밑바탕이 되어 더 훌륭하고 다양한 문해력 수업 사례들이 나온다면 나 또한 나눔 받고 배우고 싶다.

보잘것없지만 아이들의 문해력 향상을 위해 작은 날갯짓을 했던 한 국어 교사의 시행착오가 오늘도 늦은 시간까지 내일 만날 학생들을 위해 고민하는 선생님들께 조그마한 도움이라도 되길 바란다.

안연규

차례

1부

문해력 수업 왜?

1. 국어 수업의 최대 복병, 어휘

승윤이는 말끝마다 "어디 여자가!" 타령이다. 남녀공학에서 이런 말을 함부로 내뱉다니, 무식한 건지 용감한 건지! 참다 참다 한마디 했다. "승윤아, 너 참 고지식하다." 그러면서도 '고지식하다'라는 핀잔에 승윤이 마음이 상하지 않을까 걱정스러웠다. 그런데 승윤이 반응이 뜻밖이었다.

승윤 헐…… 샘, 완전 감사해요.

교사 엥? 왜?

승윤 제가 지식이 높다고 칭찬하셨잖아요. 진짜 감사해요.

전혀 예상치 못한 상황이라 어떻게 대처해야 할지 머리가 하얘졌다. 해맑게 웃는 승윤이에게 '고지식하다'라는 낱말의 의미를 어떻게 설명해야 하나? 그렇다고 그대로 놔둘 수는 없었다. 제대로 알려주지 않으면 앞으로도 계속 그런 뜻으로 알 테니까. 만약 그렇다면 "어디 여자가!"를 갖다 붙이는 승윤이의 생각과 행동이 '고지식하다'라는 말 때문에 더 강화될 수 있겠다는 생각이 들었다.

축구 하러 나가려는 승윤이를 붙잡고 단어의 뜻을 찬찬히 설명했다. 설명을 들으며 승윤이 표정이 어두워지는 걸 실시간으로 지켜봐야만 했다.

혹시나 하는 마음에 다른 아이들에게도 "너 참 고지식하다."라고 미끼를 던져보았다. 열에 아홉은 돌아오는 반응이 승윤이와 다르지 않았다.

《춘향전》을 가르치는 시간이었다. 이몽룡이 춘향이를 구하러 오는 장면을 함께 읽으며, 포악한 변 사또가 벌을 받는 장면에서 통쾌함을 느끼고 이몽룡을 향한 춘향이의 변하지 않는 사랑에 감동하는 아이들의 모습을 기대했다. 욕심을 낸다면, 빠르게 변화하는 요즘의 인스턴트식 사랑과 비교하여 사랑의 의미에 관해서도 이야기를 나누고 싶었다. 하지만 그런 욕심은 사치였다.

"선생님, 지조가 뭐예요?"

"절개는 무슨 뜻이에요?"

"정조는요?"

수업 첫 시간에 "여러분! 수업 시간에 모르는 게 있으면 참지 말고 언제든지 질문하세요."라고 호기롭게 외쳤는데, 그 파장은 컸다. 질문하라고 내가 먼저 물꼬를 텄으니, 아이들을 타박할 수는 없는 노릇이다. 친절하게 단어 뜻을 설명하다가 문득 맥이 풀렸다. '어제도 오늘도, 아마 내일도 이럴 테지.' 결국 나는 버럭 소리를 지르고 말았다.

"이 무식한 것들아! 책 좀 읽어라, 제발! 진도 좀 나가자!"

2. 책을 멀리하는 아이들, 무너진 문해력

언젠가부터 아이들은 책보다는 스마트폰이나 태블릿PC 같은 전자기기를 더 가까이하기 시작했다. 마트에 가면 카트에 앉아 엄마 아빠의 휴대폰을 자그마한 손으로 만지작거리며 영상을 보고 있는 어린아이들의 모습을 심심찮게 볼 수 있다. 길가에 초등학생들이 삼삼오오 모여 게임을 하거나 영상을 보고 있는 모습도 이제는 어색하지 않다.

학교에서도 마찬가지다. 하루 종일 떨어져 있던 휴대폰을 돌려주는 종례 시간이 되면, 모두가 스마트폰에 얼굴을 들이밀고 고개 한 번 들어주질 않는다. 서운하다고 말해도 그뿐, 이미 아이들에게는 스마트폰이 온 우주다.

아이들이 정말 책과 멀리 떨어져 살고 있다는 사실, 교과서 한 쪽도 제대로 이해하지 못하는 아이들이 학급의 과반수를 차지한다는 사실, 아이들은 글이 열 줄만 넘어가도 읽기 싫어한다는 사실을 깨닫고 문제의식을 느끼기 시작한 건 불과 몇 해 전이었다. 어느 날부터 수업을 다녀오신 선생님들의 푸념 섞인 목소리가 들리기 시작했다.

> "선생님, 아이들이 국어 시간에도 그래요? 진짜 글자만 읽는다니까요. 자기가 읽고 있는 게 무슨 의미인지 모르고, 진짜 딱 글자만 읽어요. 글자만!"

교과서 한 쪽을 제대로 읽지 못하는 아이들, 5분만 집중해서 읽으라고 하면 그 5분을 못 참고 몸을 꼬는 아이들, 읽은 내용을 요약해 보라고 하면 몇 번이고 다시 글을 읽어야 하는 아이들. 그런 아이들이 어디

한둘이겠는가? 다른 교과 선생님들의 수업 시간이 눈에 훤했다. 내 수업 시간도 별반 다르지 않으니까.

"가정통신문 회신서 안 낸 아이들에게 아침에 문자를 보냈거든요. '금일'까지 꼭 제출하라고! 그런데도 미제출자가 너무 많은 거예요. 애들한테 물었더니 '금요일'까지 아니었냐고 하더라고요."

옆자리 선생님의 푸념을 들으며 나는 쓴웃음을 지었다. '고지식한 승윤이'는 여기저기 지뢰처럼 깔려 교사를 힘들게 한다. 그런데 이게 학교만의 문제일까?

코로나19 사태가 터진 뒤 언론에서는 날마다 우리 아이들의 기초학력과 관련된 우려를 쏟아내기 시작했다. 너도나도 '문해력'을 입에 올렸다. 그런데 과연 코로나19 때문일까? 그 전부터 아이들의 문해력은 이미 무너지고 있었다.

'고지식한 승윤이'가 늘어가는 걸 느끼며, 단어 뜻을 설명하느라 진도를 나갈 수 없다는 사실에 점점 절망감을 느끼며, '어떻게 하면 이 아이들을 지켜낼 수 있을까?' 고민하기 시작했다.

여러 가지 생각과 고민으로 홀로 힘겨워하던 그때, EBS에서 〈당신의 문해력〉이라는 프로그램을 접하게 되었다. 분명히 '문해력 저하 문제가 심각하다.'라고 진단하는 어두운 분위기의 프로그램이었는데, 그걸 보면서 이상하게도 묘한 안도감 같은 것을 느꼈다.

'그래, 우리 학교 아이들만의 문제가 아니었구나!'

'모두가 심각하게 생각하고 있구나!'

'저렇게 심각하다는 걸 알고 있으니, 뭔가 대책이 나오겠구나!'

이 프로그램에서는 아이들의 문해력 저하가 더 이상 개인의 노력만으로 해결될 수 없는 문제이며, 이제는 학교와 사회와 국가가 나서야 할 시기라고 말하고 있었다. 이대로 간다면 우리 아이들에게 돌이킬 수 없는 문제가 생길 테니, 모두가 한마음 한뜻으로 아이들의 문해력을 길러주기 위해 노력해야 한다고 강조했다.

3. 문해력 향상을 위한 길 찾기

〈당신의 문해력〉이라는 프로그램은 절망에 빠져 있던 나에게 '더 이상 혼자 고민하지 않아도 된다고, 함께 아이들을 지켜내자고' 손을 내밀어 주는 동지처럼 느껴졌다. 이 프로그램은 금세 화제가 되었고, 이어서 문해력 관련 프로그램들과 논문, 서적, 연수 등이 쏟아져 나오기 시작했다.

날마다 쏟아져 나오는 문해력 관련 자료들은 내게 단비와도 같았다. 새로 올라오는 자료를 매일 검색했고, 책으로 출간된《EBS 당신의 문해력》을 꼼꼼하게 읽었다. 대학원에 다니면서 문해력과 관련된 평가원 자료와 논문도 닥치는 대로 찾아 읽었다.

그런데 참 이상했다. 자료를 보면 볼수록 머리는 더 복잡해졌다. 어디에도 명쾌한 답은 없었고, 그 많은 자료가 앵무새처럼 같은 말만 반복하고 있다고 느껴졌다.

> 아이들의 문해력 저하가 심각합니다. 아이들이 책보다 스마트기기를 더 가까이합니다. 이대로 가면 정말 문제입니다. 하루라도 빨리 글을 읽게 만들어야 합니다. 글을 읽는 게 중요합니다. 그러니 어렸을 적부터 글을 많이 읽게 해주세요.

그건 나도 알고 있다. 온 국민이 다 알고 있을 것이다. 내가 정말로 알고 싶은 건 내가 수업에서 만나는 아이들의 문해력을 길러주기 위한 구체적인 방법인데, 그걸 명쾌하게 알려주는 사람이 없었다.

어릴 때 책을 많이 읽게 하라고? 안타깝게도 내가 만나는 아이들은 이미 그 시기를 지나버렸다. 날마다 꾸준히 읽게 하라고? 그렇다고 오늘부터 당장 책 한 쪽씩 읽어 오라고 숙제를 내줄 수도 없다. 스마트기기와 거리를 두게 하라고? 어렸을 적부터 이미 부모님과의 한바탕 전쟁에서 당당하게 승리자가 된 아이들이다. 스마트기기 사용 금지를 강제하겠다는 건 아이들과의 관계를 단절하겠다는 선언이나 다름없다. 관계가 끊어지면 교육도 끊어진다.

결국 답은 없나? 어차피 나 혼자 힘으로 할 수 있는 일이 아니지 않나? 시골의 작은 학교에서 국어를 가르치는 내가 할 수 있는 일이 뭐가 있을까? 저 아이들이 졸업하기만 기다려야 하나? 다음에 만날 아이들 역시 더하면 더했지 덜하지는 않을 텐데……. 이런 회의적인 생각들이 머리에 가득 차 포기하고 싶다는 생각이 들었다.

마음이 불편했다. 죄책감마저 들었다. 수업 시간에 교실에 들어설 때마다 아이들이 나를 보고 외치는 것 같았다.

"선생님, 저희 그냥 이렇게 살아요?"

"저희 이대로 어른이 되면 어떻게 해요? 저희 괜찮을까요?"

그러던 어느 날이었다. 유치원에 다니는 첫째 아이가 말을 걸어왔다.

"엄마는 국어 선생님이지? 형아랑 누나들 한글 가르쳐줘?"

"엄마가 가르치는 형아랑 누나들은 한글 다 알아."

"우와! 그러면 책 엄청 잘 읽겠네!"

잘 읽는다는 게 뭘까? 글자를 알고 빠른 속도로 읽으면 그게 글을 잘 읽는 걸까?

우리나라는 세계적으로 문맹률이 낮은 나라다. 다섯 살짜리 유치원 아이들에게도 한글을 빨리 가르쳐야 한다고 학습지를 권유하는 나라, 초등학교 들어가기 전에 한글을 떼야 한다고 부산스럽게 공부방에 아이들을 보내는 나라. 그런데 왜 문맹률이 낮은 우리나라에서 아이들의 문해력은 이렇게 떨어지게 된 걸까? 첫째 아이가 생각하듯이, 한글을 알면 책을 '엄청' 잘 읽어야 하는 거 아닌가?

뭔가 잘못됐다는 걸 깨달았다. 한글을 떼고 소리 내어 또박또박 읽는 것만이 국어 공부의 전부가 아닐 텐데, 우리는 아이들에게 딱 거기까지만 강조했던 게 아닐까? 그 이후에는 체계적인 단계 없이 그냥 "책 많이 읽어라!", "글 많이 써라!"라고만 외쳐온 게 아닐까? 지극정성으로 한글을 가르치듯이 읽기도 그렇게 가르쳐야 하는데, 우리는 그렇게 하지 않았다는 걸 깨달았다. 문해력 부족은 당연한 결과였다.

첫째 아이와의 대화는 나를 다시 예전 그 자리로 돌려놓았다. 아이들에게 글을 가르치고 함께 글을 읽는 국어 교사인 내가 포기해서는 안 된다는 생각이 들었다. 그리고 다시 시작했다. 방법이 없다면, 체계적인 단계가 없다면, 그걸 내가 만들어야겠다고 다짐했다. 그동안 봤던 여러 가지 것들을 다시 꺼내어 거기서 공통으로 이야기하고 있는 핵심, 방법, 자료를 따로 정리했다. 그리고 그걸 아이들에게 어떻게 적용하면 좋을지 고민했다.

먼저 내 수업에서 만나는 아이들을 둘러봤다. 한 학급에 20명 남짓한 아이들의 문해력 수준은 꽤 차이가 났다. 농촌 학교임에도 불구하고 불

굴의 의지로 열심히 공부하여 국어영역 모의고사 2~3등급을 받는 아이가 한두 명 정도 있었지만, 대부분은 5~7등급이었다. 심지어 9등급인 아이도 있었다.

9등급인 아이에게 다음 시험에는 집중해서 풀도록 유인책(?)을 제공하여 최대한 객관적인 자료를 수집하려고 했다. 유인책 덕분인지 그 아이는 다음 시험에서 2등급이나 올랐다. 하지만 그런 영광의 순간은 잠깐이었다. 그 아이는 그 이후로 또다시 국어영역 시간에 잠을 자기 시작했다.

책을 읽기 싫어하고 게임을 좋아하는 아이, 교과서를 펴면 잠이 오고 수업 시간에 멍 때리거나 엎드려 있기를 좋아하는 아이, 하얀 건 종이요 검은 건 글씨라서 시험 칠 땐 같은 번호로 쭉 찍고 잠을 자는 아이……. 그런 아이들이 어떻게 하면 읽기에 재미를 붙이게 할 수 있을까?

내가 할 일이 명확해졌다. 그런 아이들을 위해 체계적인 문해력 향상 프로그램을 만드는 것! 단 한 명이라도 등급이 오르고 글 읽기에 흥미가 생긴다면 그것만으로도 성공이다. 아주 작은 목표를 가지고 나아가 보기로 했다. 아이들을 관찰하고 내가 할 일을 찾고 나니 마음이 조금씩 가벼워지기 시작했다.

4. 문해력 향상 프로그램 만들기, START-UP

"선생님, 교과서 펴면 다 글자잖아요? 딱 읽기가 싫어요."

"교과서에 적혀 있는 글자들이 뭔 뜻인지 모르겠어요."

"솔직히 교과서도 안 읽는데, 제가 무슨 책을 읽겠어요?"

수업 시간에 교사의 설명을 듣고도 교과서를 제대로 이해하지 못하는 아이들에게 기존의 문해력 향상 프로그램에서 제시하는 읽기 방법이 얼마나 무의미한지 다시 한번 느꼈다.

그렇다면 왜 글 읽기가 싫은지 아이들의 생각을 들어봐야만 했다. 한 명씩 따로 면담해서 생각을 묻기에는 시간이 부족했다. 그래서 설문지를 만들었고, 자신을 스스로 돌아보며 설문지에 정성껏 답을 해달라고 부탁했다.

사전 설문지

국어 선생님이 여러분에게 궁금한 게 있어요.
문제를 잘 읽고 솔직하게 답변 부탁해요.

1. 나의 어휘력은 어느 정도인가?

① 뛰어나다 ② 보통이다 ③ 부족하다

☞ 어휘력이 (   )라고 생각하는 이유가 뭔가요?

☞ 어휘의 뜻을 몰라 교과서 이해에 어려움을 겪은 일이

① 자주 있다 ② 가끔 있다 ③ 거의 없다

☞ 예를 들어, 어떤 일이 있었나요?

☞ 어휘의 뜻을 몰라 일상생활에서 어려움을 겪은 일이

① 자주 있다 ② 가끔 있다 ③ 거의 없다

☞ 예를 들어, 어떤 일이 있었나요?

2. 나는 하루에 글을 얼마나 읽는가?

① 많이 읽는 편이다 ② 보통이다 ③ 적게 읽는 편이다

☞ 주로 어떤 종류의 글을 읽나요?

3. 나의 문해력은 어느 정도인가?

① 뛰어나다 ② 보통이다 ③ 부족하다

☞ 문해력이 (   )라고 생각하는 이유가 뭔가요?

☞ 짧은 글과 긴 글 중에서 어떤 글이 읽기 어려운가?

① 짧은 글 ② 긴 글 ③ 둘 다

4. 나는 '미디어 리터러시'에 관해 알고 있는가?

① 관심 없다.

② 잘은 모르지만 갖추고 싶다.

③ 잘 알고 있고, 갖추고 있다고 생각한다.

☞ '미디어 리터러시'에 관해 알고 있는 걸 모두 적어보세요.

아이들이 자신을 돌아보며 좀 더 진지하게 고민하고 답변해 주길 바랐다. 평소 수업에서 시도했던 여러 활동이 아이들에게 좋은 인상을 주었기 때문인지, 다행스럽게도 아이들은 시험 때보다 더 집중해서 설문지를 읽었다. 그리고 이내 조심스럽게 답변을 작성했다. 글을 읽기 어려워하는 아이들이 나의 진심을 알아주고 진지하게 고민하며 정성스럽게 답변하는 모습을 보면서 '너희들을 포기하지 않겠다.'라고 다시 한번 마음속으로 다짐했다.

설문지 답변 분석 및 평가 (전체 96명 대상)

1. 나의 어휘력은 어느 정도인가?

뛰어나다	7명
보통이다	29명
부족하다	60명

→ 대부분 자신의 어휘력을 낮게 평가함.
→ 어휘의 뜻을 몰라 수업에 어려움을 겪은 경우가 많음.

2. 나는 하루에 글을 얼마나 읽는가?

많이 읽는 편이다	10명
보통이다	20명
적게 읽는 편이다	66명

→ 대부분 SNS나 주로 이용하는 인터넷 사이트에 업로드된 글들을 읽는 수준에 그침.
→ 활자로 된 글은 교과서를 읽거나 문제집의 지시문을 읽는 수준에 그침.

3. 나의 문해력은 어느 정도인가?

뛰어나다	8명
보통이다	22명
부족하다	66명

→ 글 이해에 어려움을 겪는 학생들이 많음.
→ 긴 분량의 글뿐만 아니라 짧은 분량의 글을 이해하는 데 어려움을 겪는 학생들도 있음.

4. 나는 미디어 리터러시를 알고 있는가?

많이 읽는 편이다	15명
잘 알고 있고 갖추고 있다	22명
잘은 모르지만 갖추고 싶다	59명

→ 대부분 미디어 리터러시의 뜻을 모르고 있음.
→ 미디어 리터러시의 필요성은 느끼고 있음.

아이들의 정성스러운 답변지를 분석하며 한편으로는 안타깝고 한편으로는 다행스러운 마음이 들었다. 본인들의 어휘력과 문해력이 부족하다는 것을 느끼고 있다는 것, 하루에 글을 읽는 시간이 현저히 부족하다는 것을 느끼고 있다는 점에서 이미 변화의 가능성이 보였기 때문이다.

아이들의 설문지 답변을 꼼꼼하게 분석하면서 마음이 더 급해졌다. 당장 실천하지 않으면 안 될 것만 같았다. 참고했던 자료들을 한눈에 보기 쉽게 펼쳐놓고 고민하기 시작했다. 무엇부터 시작해야 하나? 나는 이 수업의 관건이 '지속성'이라고 생각했다. 지속성을 유지하려면 두 가지가 필요했다.

첫째, 아이들의 참여다. 내가 근무하고 있는 학교는 농촌 지역의 고등학교라 학생들이 수학능력시험보다 학생부종합전형으로 대학을 많이 가는 편이다. 내신 성적이 엄청나게 중요하다는 이야기다. 이런 상황에서 좋은 대학에 입학하고자 하는 아이들 눈에 그저 쓸모없는 수업, 대학 입시에 도움이 안 되는 수업을 할 수는 없었다. 아이들의 불안한 눈빛을 무시하고 문해력 수업에만 매달릴 수는 없다. 수업에서 만나는 모든 아이가 만족할 만한 수업을 구성해야 했다.

둘째, 교사인 내가 지치지 않고 지속할 수 있어야 한다. 아이들이 만족하면서도 교사가 지치지 않는 수업. 이 두 마리 토끼를 잡으려면 문해력 수업이 교육과정 안으로 녹아들어야 한다고 생각했다. 설득력 있는 '교육과정 – 평가 – 기록'의 일체화 과정이 꼭 필요했다.

그래서 먼저 교육과정부터 분석했다. 문해력과 연결 지어 집중적으로 가르쳐야 하는 영역은 무엇일까? '읽기'였다. 물론 읽기 영역만이 문해력과 연관 있는 것은 아니지만, 더 많은 영역을 연결하기에는 너무 방대했고 내가 지칠 것만 같았다. 일회성으로 끝나는 수업을 하고 싶지는 않았다. '읽기' 영역의 성취기준과 교과서의 학습 목표를 분석했다.

2015 개정 교육과정 국어과 '읽기' 영역 성취기준	재구성 학습 목표
[10국02-01] 읽기는 읽기를 통해 서로 영향을 주고받으며 소통하는 사회적 상호작용임을 이해하고 글을 읽는다.	· 작가의 의도를 파악하고 이에 대한 질문을 만들어 답을 찾으며 읽을 수 있다. · 타인과의 소통을 통해 질문에 대한 답을 찾아 다양한 관점에서 읽을 수 있다.
	· 다른 사람과 함께 생각을 교류하며 글을 읽을 수 있다. · 다른 사람과 소통하는 과정을 통해 작품을 다양하고 깊은 관점에서 감상할 수 있다.
[10국02-02] 매체에 드러난 필자의 관점이나 표현 방법의 적절성을 평가하며 읽는다.	· 다양한 매체를 잘 이해하고 분석하여 잘못된 정보를 찾으며 읽을 수 있다. · 올바른 정보가 갖춰야 할 조건을 알고 이를 적용하여 매체를 제작할 수 있다.
[10국02-03] 삶의 문제에 대한 해결 방안이나 필자의 생각에 대한 대안을 찾으며 읽는다.	· 다양한 주제와 내용을 담고 있는 글 속 필자의 의도를 파악하며 읽을 수 있다. · 다양한 주제와 내용을 담고 있는 글 속에 주어진 해결 방안이나 필자의 생각에 대한 대안을 찾으며 읽을 수 있다.
[10국02-04] 읽기 목적을 고려하여 자신의 읽기 방법을 점검하고 조정하며 읽는다.	· 언어의 재료인 어휘의 중요성을 알고 어휘의 뜻을 찾아 정리한 후 이를 활용하여 글을 읽을 수 있다. · 어휘의 의미를 정확하게 알고 어휘가 포함된 글을 정확하게 해석하며 읽을 수 있다.
	· 사고도구어(학습도구어) 목록의 단어들의 의미를 찾아 정리할 수 있다. · 사고도구어(학습도구어) 목록의 단어들이 다양하게 활용된 글의 문맥을 이해하며 읽을 수 있다.
[10국02-05] 자신의 진로나 관심사와 관련된 글을 자발적으로 찾아 읽는 태도를 지닌다.	· 자신의 삶과 진로, 관심사 등과 연관된 글을 찾아 읽을 수 있다. · 읽은 글의 내용을 바탕으로 자신만의 책을 제작할 수 있다.

그러고 나서 교과서를 보니 재구성 없이는 수업 설계가 불가능할 것 같았다. 일주일에 4차시인 국어 수업과 교과서 내용을 조절하여 재구성 작업을 했다. 꼭 필요한 글과 작품만 남기고 새로운 자료를 추가하는 방식으로 만들었다.

이것까지 하고 나니 문득 '모형'이 중요하다는 생각이 들었다. 체계적으로 단계를 설계해서 제시하고 싶었다. 무턱대고 읽으라고 글을 던져주고 싶지는 않았기 때문이다. 체계적인 단계와 설득력 있는 프로그램이 마련되어야만 아이들과 교사가 서로 지치지 않고 문해력 향상을 위해 끝까지 달려갈 수 있겠다는 생각이 들었다.

그렇다면 첫 단계는 뭘까? 바로 어휘였다. 어휘력을 길러주기 위한 프로그램을 마련하기 위해 어휘력 향상과 관련된 자료들과 방법들을 모으기 시작했다. 다음으로 여러 가지 읽기 자료들을 마련했다. 아이들이 지루해하지 않고 잘 따라오게 해야 한다는 생각, 글 읽기에 거부감을 없애주는 것이 우선이라는 생각 등이 뒤엉켜 여러 가지 아이디어가 떠올랐다.

오랜 고민의 결과, 단계별 프로그램의 윤곽이 대충 잡혔다. 이 프로그램이 더 탄탄히 자리 잡으면 좋겠다는 기대, 이 프로그램이 아이들에게 효과가 있다면 조금 더 널리 알릴 수 있겠다는 부푼 희망도 생겼다. 그래서 이 프로그램에 뭔가 멋진 이름을 지어주고 싶었다.

문해력 향상을 위한 우리의 첫 시작(Start), 그리고 그 시작이 언젠가는 우리 아이들의 문해력을 Up 시켜주리라는 희망을 담아 이렇게 프로그램을 구성했다.

프로그램	실천 내용	수업 시수
Start (기초 어휘 익히기)	• 교과서 어휘사전 만들기 • 교과서 어휘사전 활용하기	한 학기당 4차시
Think (학습도구어 익히기)	• '학습도구어' 목록 작성하기 • '학습도구어'로 글쓰기	매주 1차시
Ask (질문하며 읽기)	• 질문을 만들고 그 질문에 답하며 읽기 • 다른 사람의 질문에 답하며 읽기	매 작품 2차시
Relation (연관 지어 읽기)	• 자신의 삶과 진로에 관련된 글 찾아 읽기 • 글을 정리하여 나만의 책 제작해 보기	6차시
Theme (주제별 읽기)	• 인문, 사회, 예술, 과학, 융합 글 읽기 • 질문으로 소통하며 글 읽기 조절하기	매주 1차시
Us (함께 읽기)	• 서로의 생각 공유하기 • 공유된 내용으로 웹툰 제작하기	6차시
Prove (입증하기)	• 인터넷 뉴스 비판적 읽기 • 카드뉴스 제작하기 • 동영상 쇼츠 제작하기	4차시

단계별 프로그램의 앞 글자들을 따서 'START-UP'이라는 이름을 붙였다. 이 프로그램과 함께 우리의 따뜻했던 봄날, 뜨거웠던 여름날, 마음이 이유 없이 설레던 가을날이 지나갔다. 아이들은 아주 천천히 조

금씩 변하고 있었다. 다른 친구들이 모르는 어휘의 뜻을 자신은 알고 있다는 사실에 뿌듯함을 느끼기도 했고, 자신이 아는 어휘들이 나온 비문학 지문을 관심 있게 읽기도 했다. 교과서 속 '빈칸 채우며 읽기'도 더 이상 거부하지 않았다. 아침에 아빠가 읽고 있는 신문을 뺏어 한 단락을 읽었다는 아이도 생겼다. 나와 아이들만 아는 이 작은 변화는 언젠가부터 우리 사이에 무언의 약속과 같은 희망의 메시지가 되어줬다.

- 힘들어도 포기하지 말기
- 잡은 두 손 놓지 않기
- 함께 하고 있다는 사실 잊지 말기
- 더 나은 내일의 나를 위해 조금씩 노력하기

하지만 가끔 아이들도 나도 문득 지치는 순간이 찾아오곤 했다. 유난히 따라오기 힘들어하는 날에는 교무실로 돌아오는 길에 회의감이 들기도 했다. 너무 지쳐 캔맥주를 연거푸 들이마시던 어느 날, 같은 교사인 남편이 넌지시 말했다.

"나는 이 프로그램을 다른 국어과 선생님들도 공유하면 좋을 것 같아. 혼자 하지 말고 공유해서 다른 의견도 받아보고 해. 편집 같은 건 내가 도와줄 테니 수업 사례 발표대회도 나가 봐. 가끔 힘들어서 포기하고 싶어질 때 계속 나아가게 하는 동력이 될 거야."

나를 지치지 않게 할 동력, 그만두고 싶어질 때 나를 다시 일으키게 할 그 무언가를 얻고 싶었다. 내적인 동기는 이미 충분하니, 나를 다잡기 위한 외적 동기 부여도 필요했다. 그래서 용감하게 수업 사례 발표대회에 도전했다.

2023 수업혁신사례연구대회 전국 2등급!

솔직히 처음에는 1등급을 받지 못해 서운했다. 내가 얼마나 열심히 준비했는데, 내가 얼마나 힘들었는데, 우리 아이들이 얼마나 잘 따라와 줬는데…….

그런데 가만 생각해 보니 여기까지 온 게 어디인가? 애초에 상을 받으려고 한 일은 아니지 않은가? 내 수업 사례가 알려져 누군가에게 도움이 된다면, 지금도 망설이고 있는 선생님들께 동기 부여가 된다면, 그 자체로 정말 의미 있는 성과라는 생각이 들었다. 그런 마음으로 이 책도 쓰게 되었다.

5. 삶을 위한 문해력

아이들은 변화를 원했다. 자신들의 어휘력이 부족하고 문해력이 부족하다는 사실을 그 누구보다 잘 알고 있었다. 그럼에도 글 읽기를 싫어했다. 하루에 읽는 글은 SNS상의 글들이 거의 전부였다.

내가 도와주겠다고 말했다. 함께 해보자고 손을 내밀었다. 아이들은 흔쾌히 내 손을 잡아주었다. 그리고 도와달라고 간절하게 이야기하고 있었다. 지금이라도 늦지 않았다고, 지금부터 열심히 해보자고 내가 말해주길 기다리는 것 같았다.

정말 중요한 것은 교사인 나보다 함께하는 아이들의 의지였다. 그리고 그들의 변화였다. 아이들은 조금씩 나의 진심에 답을 해주었다. 교과서의 어휘들을 정리했더니 교과서 읽기가 재미있다는 아이, 인터넷으로 뉴스 기사를 찾아봤다는 아이, 문해력 테스트를 해보고 충격을 받았다는 아이, 평생 처음으로 도서관을 가봤다는 아이…… 모두가 소중한 변화였다.

이 아이들 모두 언젠가는 사회의 일원이 되고, 직장인이 되고, 부모가 될 것이다. 이 아이들이 더 행복하게 삶을 가꾸고, 그래서 더 아름다운 세상을 만들기를 간절히 바란다. 오늘 나의 작은 시작(Start)이 아이들의 삶과 미래 사회를 Up 시킬 수 있었으면 좋겠다.

2부

문해력 수업 어떻게?

start up

Start

기초 어휘 익히기

1. 교과서 속 어려운 어휘 찾기

역시 어휘력이었다. 그냥 단순히 어휘력이 부족하다는 표현으로는 모자랐고, 좀 더 충격적인 표현이 필요하다는 생각이 들 만큼 아이들의 어휘력은 상상을 초월할 정도로 부족했다. 이유는 단순했다. 어렸을 적부터 아이들은 책과 거리를 두고 지냈기 때문이다. 활자 읽기보다는 스마트폰으로 영상 보기가 더 익숙한 아이들에게 이제 와서 어휘력 공부를 시키는 일은 생각보다 막막했다.

어디서부터 어떻게 시작해야 할지 도저히 감이 잡히질 않았다. 무턱대고 국어사전을 가지고 수업을 할 수도 없는 노릇이었다. 아이들에게 어휘와 관련된 자료들을 들이밀고 책을 무작정 읽게 해서 어휘력을 높여보고자 하는 생각은 하지 않았다. 현실적으로 정말 아이들에게 필요한, 아주 기초적인, 그래서 거부감이 들지 않고 자연스럽게 어휘력이 늘 만한 자료를 찾기 위해 많이 고민했다. 그러다 보니 교과서가 눈에 들어왔다.

> '그래, 내가 우리 아이들이랑 만나는 시간이 수업 시간이잖아? 수업 시간에 필요한 게 뭐지? 교과서 아닌가? 아이들이 그나마 읽는 게 교과서인데 왜 멀리서 찾고 있었지?'

책을 읽지 않는 우리 아이들이 그나마 갖고 있는 책이 교과서인데, 교과서에 나오는 어휘들이라도 잘 알아야 하지 않는가? 어휘들이 모여 한 편의 글이 되는 것이니, 어휘의 뜻만 잘 이해해도 글을 이해하는 것이 훨씬 쉬워진다는 사실을 아이들이 알아야 하지 않을까? 이미 본인들 스스로 어휘력이 부족하다고 느끼고 있으니, 어휘력이 좋아지면 덩달아 글의 이해력도 좋아진다고 단번에 느낄 수 있는 효과적인 프로그램이 필요했다.

먼저 어휘력을 높이기 위해서는 어휘 공부를 하는 방법밖에 없다는 사실을 아이들이 깨닫게 해야만 했다. 일부러 조금 어려운 어휘들이 한두 개씩 들어가 있는 짧은 문장들을 아이들에게 제시했다.

- 그 지역은 간헐적으로 비가 내리는 특징이 있다.
- 선생님께서는 이미 나를 간파하고 계셨다.
- 그 소설은 주옥같은 문장들로 이루어진 잊지 못할 이야기들이 담겨 있었다.
- 그의 전화 한 통이 온종일 나를 괴롭히던 우울을 모두 상쇄시켜 버렸다.

아이들은 당연히 문장 속 어휘의 뜻을 이해하지 못했다. 그래서 어려운 어휘의 뜻을 툭 하고 던져줬다. 그랬더니 아이들은 문장을 쉽게 이해했다. 그래, 바로 이거다! 몇 번을 반복하고 나서 아이들에게 물었다.

교사 얘들아, 어휘 뜻을 알고 나니까 문장이 이해가 돼?

학생 완벽하게는 아닌데 그래도 뜻을 알기 전보다는 나은 것 같아요.

교사 그럼 교과서 내용도 어휘 뜻 먼저 알고 나면 좀 이해하기 쉬우려나?

학생 그…… 글쎄요.

교과서 이야기가 나오자 아이들의 낯빛은 또 달라졌다. 하지만 교과서조차 읽지 않는데 다른 글들을 가져와 읽으라고 하면 이 프로젝트는 오래갈 수 없을 것 같았다. 아이들도 나도 금방 지쳐버릴 것만 같은 불안한 마음이 들었다. 일단 아이들이 가지고 있는 재료로 시작해야만 했다.

> "수업 시간에 진도 나가기 어려운 거 알지? 너희가 자꾸 단어 뜻 물어봐서. 그러니까 너희가 모르는 어휘들을 미리 다 정리해 보자는 거야. 그럼 너희도 선생님한테 질문할 필요가 없고, 나도 그거 답해준다고 진도 못 나가고 그럴 일 없으니 서로 좋지 않겠어?"

아이들은 이 제안이 그리 매력적이지 않다고 표정으로 말해주고 있었지만, 어휘의 뜻을 알았을 때 그 어휘가 속한 문장을 이해하기가 훨씬 쉽다는 사실을 깨닫게 한 뒤여서인지 곧 나의 제안을 받아들였다. 물론 사전을 완벽하게 만든 모둠일수록 상점과 맛난 간식을 듬뿍 준다는 제안에 더 솔깃해 보였지만.

그렇게 교과서 어휘사전 만들기 프로그램부터 시작할 수 있었다.

학기별로 단원을 나누고 한 학기 분량의 단원과 내용을 먼저 살피게 했다. 아이들은 진지하게 교과서를 파헤치기 시작했다. 일단 교과서 내용을 이해한다기보다는 거기서 본인이 모르는 어휘를 찾아야 한다는 사명감에 휩싸인 듯했다. 아이들은 그렇게 꼼꼼하게 교과서를 읽었다. 교과서를 그렇게까지 오래 읽은 게 처음이라는 아이도 있었다. 나 역시 마찬가지였다. 수업하면서 이렇게 집중해서 교과서를 읽는 아이들의 모습이 정말 오랜만이었다. 교과서를 제대로 챙기지도 않아 수업 시간

전부터 사물함을 왔다 갔다 하는 아이들을 챙기는 것 또한 나의 일이었는데, 이 프로그램을 진행하면서 교과서에 빠져들어 수업 시간을 보내는 아이들의 모습을 보는 귀중한 경험까지 할 수 있었다.

그렇게 총 2차시 정도의 시간을 할애하여 아이들은 한 학기 분량의 글에서 자신들이 모르는 어휘들을 찾아냈다. 이제 중요한 것은 그 어휘들의 뜻을 찾는 일! 그리고 그 어휘들이 속한 문장을 이해하고, 더 나아가 문단을 이해하고, 최종적으로는 교과서의 글을 잘 읽는 일! 쉬지 않고 나아가야만 했다.

남은 2차시는 사전을 만드는 작업에 할애했다.

2. 교과서 어휘사전 만들기

처음에는 공책을 나누어주고 종이사전을 만들게 할 생각이었다. 직접 글로 써보고 다시 읽어보면 단어의 뜻을 더 오래 기억할 수 있고, 또 공부할 때 수시로 찾아보기 좋겠다는 생각이었다. 하지만 지난 시간 나누어준 학습지도 행방을 몰라 '다시 한 장만 주면 안 되냐' 고 조르는 아이들을 보며 이내 생각을 바꿨다. 종이사전보다는 링크나 QR코드를 찍어 언제든 접속해서 볼 수 있는 사전이면 더 좋을 것 같았다. 아이들이 분실하지 않고 더 오래도록 볼 수 있고 쉽게 접근할 수 있는 그런 사전! 그래서 생각한 것이 구글 스프레드시트를 이용한 어휘사전 만들기였다.

먼저 각자 모르는 어휘들을 찾았고, 그다음에는 모둠별로 모르는 어휘들을 선별하는 작업을 거쳤다. 서로 모르는 어휘를 공유하며 알게 되었거나 금방 이해가 된, 그래서 굳이 다시 뜻을 정리하지 않아도 되는 어휘들은 제외했다. 그리고 모둠원 다수가 이해하기 어려웠거나 뜻을 적어두면 좋겠다 싶은 어휘들을 선별하게 했다.

학생 1 와, 대박! 너, 이 뜻도 모르냐?

학생 2 웃기고 있네! 그러는 너는?

아이들은 모둠별로 열띤 토의를 하며 어휘를 선별하는 작업을 진행했다. 다른 모둠원들보다 본인이 더 모르는 어휘가 많다는 사실에 부끄러움을 느끼며 버럭 하는 아이들이 많았다. 본인의 어휘력 부족에 부끄러움을 느끼게 하는 것 또한 이 프로그램의 세부적인 목표였으니, 그런 모습이 조금은 흐뭇했다.

그렇게 선별한 어휘들의 목록을 받아 2차 목록화 작업을 진행했다. 분명 선별 과정을 거쳤음에도 불구하고 내가 생각했던 것보다 개수가 훨씬 많았다. 이 정도로 모르다니…… 국어 교과서를 도대체 그동안 어떻게 공부해 온 걸까? 아이들이 갑자기 가엾게 느껴졌다. 이 정도로 이해가 안 되는 책을 앞에 두고 그동안 얼마나 답답했을까? 그런 아이들에게 '자지 말아라, 집중해라, 눈 떠라' 윽박질렀으니, 아이들이 수업 시간에 몸을 배배 꼬는 것은 당연한 일이었다. 그나마 글이 좀 쉽게 느껴지는 국어 교과서마저 이 지경인데, 전문용어들이 많은 다른 과목들은 도대체 어떻게 공부해 온 것일까? 아이들이 대견해 보이기까지 했다. 이렇게 모르면서 아무렇지 않은 척 앉아 있었다니…….

충격을 받고 한숨만 쉬고 있을 수는 없었다. 아이들이 내민 어휘의 개수를 보자 더 마음이 급해졌다. 2차 목록화를 한 뒤 모둠별로 어휘들을 할당했다. 지금부터는 할당된 어휘들의 뜻을 찾아야 했다. 자신의 모둠이 할당받은 어휘들을 모둠원들끼리 다시 나눈 뒤 각자 맡은 어휘의 뜻을 찾아 구글 스프레드시트에 바로 정리하기 시작했다. 실시간으로 정리할 수 있어 진행 속도가 눈에 보이니 순회하며 수월하게 지도할 수 있었다. 자신이 적는 내용이 실시간으로 반영되자 아이들도 신이 나서 어휘의 뜻을 찾아 적기 시작했다. 작업을 진행하며 자신이 맡은 어휘의 뜻만은 꼭 알아야 한다고 신신당부했지만, 한 번 본다고 그 뜻을 이해하길 바라는 건 너무 큰 욕심이었다. 부디 교과서를 공부하다가 이해하기 어려운 어휘가 나오면 '아!' 하며 자신들이 만든 어휘사전을 활용할 수 있기를, 그리고 자주 들여다보기를!

교과서 어휘사전 일부

어휘	뜻
고유	본래부터 가지고 있는 특유한 것
유구	아득하게 오래됨
계승	선임자의 뒤를 이어받음
특질	특별한 기질이나 성질
고려가요	고려시대의 시가를 통틀어 이르는 말 (고려시대의 시가문학)
시조	우리 민족이 만든 독특한 정형시의 하나 (고려 말부터 등장한 시가문학)
가사	한국 시가의 한 양식 (고려 말부터 등장한 시가문학)
구전	말로 전하여 내려옴. 또는 말로 전함
편입	얽거나 짜 넣음. 이미 짜인 한 동아리나 대열 따위에 끼어 들어감. 첫 학년에 입학하지 않고 어떤 학년에 도중에 들어가거나 다니던 학교를 그만두고 다른 학교에 들어감
추정	사실의 입증이 불명확한 경우
대응	어떤 일이나 사태에 맞추어 태도나 행동을 취함. 어떤 두 대상이 주어진 어떤 관계에 의하여 서로 짝이 되는 일. 두 집합이 있을 때에 어떤 주어진 관계에 의하여 두 집합의 원소끼리 짝이 되는 일
정한	정과 한을 아울러 이르는 말
부귀	재물
재담	익살과 재치를 부리며 재미있게 이야기함
절개	지조와 정조를 깨끗하게 지키는 여자의 품성
풍자	문학 작품 따위에서 현실의 부정적 현상이나 모순 따위를 빗대어 비웃으면서 씀
해학	익살스럽고 품위가 있는 말이나 행동
실체	실제의 물체 또는 외형에 대한 실상
중세	역사의 시대 구분 중 하나로, 고대에 이어 근대에 선행하는 시기

창제	전에 없었던 것을 처음으로 만들거나 재정함
피동	주어가 다른 힘에 의하여 움직이는 것
수용	감상의 기초를 이루는 작용으로 예술 작품 따위를 감상으로 받아들여 즐김
일원	단체에 소속된 한 구성원
안목	사물을 보고 분별하는 견식
발효	효모나 세균 따위의 미생물이 유기 화합물을 분해하여 알코올류, 유기산류, 이산화탄소 따위를 생기게 하는 작용
공양	웃어른을 모시어 음식 이바지를 함
개량	나쁜 점을 보완하여 좋게 고침
궐기	벌떡 일어남

물론 중간중간 의지가 점점 약해지는 아이들도 더러 등장했다. 나는 끊임없이 맛난 사탕과 젤리를 아이들의 입에 넣어주며 어휘 공부를 하지 않으면 일어날 수 있는 어두컴컴한 미래에 대해 쉬지 않고 멘트를 날렸다.

"나중에 중고차 살 때 사기당하면 안 되잖아. 나중에 집 살 때 너 대출 필요 없어? 은행 가서 계약서 이해 못 하면 어쩌냐? 대학교 가서 자취하고 싶지? 원룸 얻을 때 계약서 제대로 이해 못 해서 보증금 못 돌려받으면 어쩔 거야? 너 나중에 자식 낳아서 학교에서 가정통신문 받았는데 이해 못 해서 준비물 못 챙겨주면 어쩌려고 그래?"

3. 평가 및 수업 후기

수업 시간에 간간이 1~2등급 아이들이 "선생님, 이거 시험에 나와요?"라고 물었다. 아뿔싸, 나는 고등학교 국어 교사였다. 고등학교에서의 수업은 평가와 기록이 전부라고 해도 과언이 아닐 정도로 중요하다. 그래서 평가를 무시할 수가 없다. 하지만 이 문제는 간단히 해결할 수 있다. 아이들이 정리한 교과서 어휘사전에서 어휘 뜻을 묻는 문제를 시험에 내고, 과세특에는 국어과 역량과 연관 지어 했던 활동들을 적어주면 되는 일이었다. 전체 프로그램을 만들기 위한 교육과정 재구성 작업을 미리 해놓았기에 수업과 평가 기록을 일체화하는 일은 크게 힘들지 않았다.

그런데 지필평가에서 이 활동을 평가하다 보면 너무 지엽적인 부분만 물어볼 수밖에 없는 한계가 있다. 그래서 '수행평가에도 적용해 볼 수 없을까?' 고민하기 시작했고, 성취기준을 바탕으로 평가 기준과 평가 요소를 재구성했다.

평가 내용

성취기준	[10국02-04] 읽기 목적을 고려하여 자신의 읽기 방법을 점검하고 조정하며 읽는다.	
재구성 평가 기준	상	읽기 목적을 고려하여 자신의 읽기 방법을 점검하고, 글을 이해하기 위해 모르는 어휘의 뜻을 찾아 정확하게 파악한 뒤, 주어진 글을 정확하게 읽을 수 있다.
	중	읽기 목적을 고려하여 글을 이해하기 위해 모르는 어휘의 뜻을 찾아 이를 파악한 뒤 주어진 글을 읽을 수 있다.
	하	읽기 목적을 고려하여 글을 이해하기 위해 모르는 어휘의 뜻을 찾을 수 있다.
평가 요소	어휘 뜻 찾기, 어휘가 포함된 문장 뜻 이해하기	

교과서 어휘사전 만들기 프로그램 활동이 평가와 연계되니, 평소에 국어를 좋아하고 잘하는 아이들의 표정이 조금 밝아졌다. 이미 글을 읽는 것을 좋아하고 즐기는 아이들도, 프로그램 내용의 일부가 평가 내용이 된다고 하니 좀 더 관심을 갖고 활동에 임했다. 국어영역 등급이 높고 내신 성적이 잘 나오는 아이들이라고 해서 교과서에 나오는 모든 어휘의 뜻을 아는 것은 아니었다. 그래서인지 어휘 수준이 자신보다 다소 낮은 친구들을 잘 도와가며 사전을 제작하는 모습을 보였다. 그러던 어느 날, 또 한 아이가 질문을 해왔다.

"선생님, 과세특에는 뭐 적어주시는 건가요?"

아이들의 어휘력을 길러주기 위해 정말 진지한 자세로 임하고 있는 나에게 자꾸 이런 시련을 주다니! 시험을 위해서, 과세특을 적기 위해서 이 활동을 하는 게 아니라는 말을 하고 싶었지만, 딴에는 수업 시간에 하는 활동들이 과세특과 연관되어 학교생활기록부가 풍부해지는 것이 중요하다고 생각하는 아이들도 있을 것이라는 생각이 들자, 과세특 또한 중요하게 기록해 줘야겠다는 생각이 들었다.

과목별 세부능력 특기사항

언어의 재료가 어휘임을 알고 어휘를 많이 아는 것이 글을 잘 이해할 수 있는 능력의 거름이 된다는 것을 잘 알고 있는 학생임. 교과 시간에 주어지는 여러 자료들과 교과서의 글들을 읽기 전에 자신이 뜻을 알고 있는 어휘의 비중이 얼마만큼인지 파악하려고 노력하며, 모둠원들과 협동하여 어휘들의 뜻을 찾아 정리하여 기록하는 등 다른 친구들에게도 도움이 되려는 노력을 다함. 이러한 결과물을 통해 주어진 글을 이해함으로써 지식·정보 처리 역량이 뛰어나며, 자신의 수준에만 초점을 두는 것이 아니라 다른 모둠원들의 어휘 수준에도 도움을 주고자 하는 공동체 역량도 뛰어남.

구글 스프레드시트를 이용한 교과서 어휘사전 만들기 프로그램을 끝내고 나서 뿌듯해하는 아이들에게 말했다.

"이거 활용 안 하면 소용없는 거 알지? 너희가 힘을 모아 만들었으니 앞으로 국어 공부하면서 자주 접속해서 활용하도록 해."

겨우 첫술을 떴을 뿐인데, 잘 따라와 주는 아이들의 모습에 용기를 얻었다. 물론 중간중간 협박 아닌 협박을 하고, 어휘력이 부족한 어른들의 불안하고도 어두운 미래에 대해 이야기하며 겁을 주기도 했다. 또 그런 건 상관없다는 듯한 아이들에게 사탕이며 젤리며 상점 등을 퍼주는 부수적인 노력이 있었지만, 그래도 이 정도로 따라와 준 것이 한편으로는 고마웠다. 아이들 모두가 잘 따라와 준 것은 아니어도, 대다수는 선생님의 진심을 잘 안다는 듯이 성실하게 사전 만들기 작업을 진행해주었다. 그저 네이버 국어사전에서 뜻을 찾아 옮겨 적었을 뿐인데 오구오구 폭풍 칭찬을 해주기도 하고, '어휘 뜻을 알면 뭐든지 잘 해낼 수 있다'는 근거 없고 맥락 없는 칭찬을 날리는 내 모습에 가끔은 현타가 올 때도 있었다. 하지만 뭐 어떤가, 나와 만난 아이들이 이 활동으로 인해 교과서 내용 이해가 쉬워진다면 그것만으로도 충분하고 만족스러운 결과일 것이다.

조금 더 욕심을 내기 위해 아이들에게 다른 교과 시간에도 먼저 교과서에 나오는 어휘들의 뜻을 정리해 보라고 제안했다. 국어 교과서보다 좀 더 어렵고 전문적인 용어가 많은 사회나 과학 교과서도 수업 전 미리 어휘들을 살피고 그 어휘들을 중심으로 사전을 제작하고 나면 좀 더 교과서 내용 이해가 쉬워지고, 교과서를 읽다 모르는 어휘가 나왔을 때 정리해 둔 사전이 있으니 좀 더 쉽게 어휘의 뜻을 잘 이해할 수 있지 않을까 싶었다. 다른 교과의 교과서들은 어떤 모습일까 싶어 아이들의 교과서를 살펴보았더니, 이미 전문용어들은 친절하게 주석이 달려 있었다. 그렇게 친절하게 주석이 달려 있음에도 교과서 내용 이해를 어려워한다는 건 기본적인 어휘들의 의미를 잘 이해하지 못하기 때문일 것이다.

기본에 충실하자!

아이들이 당연히 알 거라고 생각하는 기본적인 어휘들의 뜻을 이해시키고 활동을 통해 어휘력을 기르는 것에 집중하자!

교과서에서 더 나아가 기본적인 어휘에 대한 공부를 좀 더 시켜보고 싶다는 생각이 들었다. 무턱대고 국어사전을 가르칠 수는 없으니, 뭔가 좀 더 체계적으로 어휘를 정리한 자료가 없을까 찾아보기 시작했다.

아이들의 수업 후기

▸ 보통은 차례대로 진도를 나가는데, 교과서를 보고 모르는 어휘를 찾으라고 하셔서 처음에는 당황스러웠다. 교과서에 있는 작은 글씨들이나 학습 목표 같은 곳에서도 뜻을 모르는 게 있으면 다 찾아보라 하셔서, 처음에는 '잉?' 했는데, 찾다 보니 너무 많아서 나도 '잉?' 하게 되었다.

▸ 교과서에서 모르는 어휘를 먼저 찾으니까 뜻을 알게 됐고, 또 배울 내용들을 미리 꼼꼼하게 볼 수 있어 좋았다.

▸ 국어 공부하다가 모르는 단어 있으면 우리가 만든 사전이 있어서 거기서 찾아볼 수 있어서 좋았다.

▸ 사전 만들 때 어휘가 계속 늘어나서 놀랐다. 뜻 찾아 적을 땐 좀 귀찮았는데, 다 하고 나니까 좀 뿌듯함.

▸ 선생님께서 처음에 주셨던 문장들이 좀 어려웠는데, 어휘 뜻을 알고 나니 쉽게 이해되는 게 좀 신기해서 열심히 했던 것 같다. 다른 과목도 미리 어휘 뜻 알고 나면 공부가 좀 쉬워질 것 같다.

이 활동의 유의점

학생들마다 문해력 수준의 차이가 있듯이, 어휘력 수준에도 차이가 있다. 모둠별 활동을 할 때 모르는 어휘가 별로 없는 학생도 있지만, 그 수가 엄청나게 많은 학생도 분명 존재한다. 따라서 교사가 지속적으로 순회하며 지도를 해야 한다. 모둠별로 진도를 체크하면서, 좀 빠르게 정리한 어휘력 수준이 높은 아이들을 독려해 주고 그 아이들이 다른 친구들을 도와 함께 정리할 수 있도록 해주는 게 좋다.

또한 이 활동은 학생들이 어휘사전을 만드는 것에서 끝나는 것이 아니라 실제로 활용을 해야 의미가 있다. 수시로 활용하고 있는지 물어보고 체크한다면 학생들의 활용도를 더 높일 수 있다.

이 활동을 하며 힘들었던 점 또는 한계점

어휘사전을 만들었다고 해서 학생들의 문해력이 갑자기 높아지지는 않는다. 그래서 '어휘의 뜻을 안다고 해서 학생들의 글 이해에 도움이 될까?' 하는 회의감도 들었다. 또 국어 교과서에 나오는 어휘들 가운데는 일상생활에서 잘 쓰이지 않는 것들도 있어, 아이들의 어휘 활용도를 높이기 위한 방안을 더 고민해야 할 것 같다.

start up

Think

학습도구어(사고도구어) 익히기

1. 학습도구어(사고도구어) 목록 만들기

참 이상했다. 서점에 가서 아이들 참고서 코너에 가니 영어 단어를 체계적으로 모아 정리한 단어장들은 차고 넘쳤다. 출판사별로 어휘들을 정리해서 좀 더 보기 쉽고 깔끔하게 갈무리한 단어장들을 팔고 있었다. 그렇다면 국어 어휘는? 아무리 찾아도 보이질 않아 직원에게 물었더니, 대뜸 국어사전이 있는 곳을 알려줬다.

나　저, 죄송한데…… 국어사전 말고 좀 더 체계적으로 고등학생 아이들이 볼 만한 어휘들을 모아놓은 그런 책은 없나요?

직원　네? 영어 단어집 말씀하시는 건가요?

나　아니요. 국어 단어집이요.

직원　그런 건 없는데요.

그런 건 없다니! 당황하는 직원보다 내가 더 당황스러웠다. 아니 고등학생을 위한 영어 단어집은 차고 넘치는데, 왜 고등학생을 위한 국어 단어집은 없단 말인가! 고등학생들이 알아두면 좋은 어휘들을 모아놓은 자료집을 왜 그 많은 출판사에서 단 한 권도 만들지 않았단 말인가? 영어 단어집들은 예문까지 친절하게 넣어가며 어떤 상황에서 쓰이는지, 비슷한 단어들이 무엇이 있는지 이리도 친절하고 방대하게 만들어내면서…… 왜 국어 단어집은 없단 말인가!

씁쓸했다. 그렇다고 아이들에게 '그런 거 없다니까 그냥 교과서 어휘만 알아둬.', '그런 거 없다니까 그냥 국어사전 공부해.', '그런 거 없다니까 너희가 알아서 어휘력 공부해.' 이럴 수는 없지 않은가? 나는 이미 아이들의 문해력을 길러주기 위해 노력하기로 마음먹었고, 이미 절반(시작이 반이니)까지 왔으니 이대로 포기할 수는 없었다. 누군가는 나와 같은 생각을 하고 이미 자료를 찾아놓지 않았을까 하는 생각에 무턱대고 인터넷을 뒤졌다. 하지만 아무리 뒤져도 그런 자료는 찾기가 어려웠다.

그런데 문득 EBS 〈당신의 문해력〉이란 프로그램에 나왔던 '학습도구어 목록'이 떠올랐다. 학습도구어란 교과서를 읽고 이해하는 데 알아야 할 어휘들이다. Start 단계에서 진행했던 교과서 어휘사전 만들기 프로그램 속 어휘들이 국어 교과서에 한정된 어휘들이라면, 학습도구어는 전 교과의 교과서 이해를 위해 알아야 하는 필수 어휘들이었다. 앞서 진행한 Start 프로그램과 연장선에 있으면서 동시에 아이들에게 다시 한번 어휘력의 중요성을 길러줄 수 있는 좋은 자료라는 생각이 들었다.

하지만 중요한 것은 역시나 일회성으로 그치면 안 된다는 것이었다. 한두 차시 정도로 끝내버리면 수박 겉 핥기가 되어 전체적인 어휘력 향상에는 큰 도움이 되지 않는 이벤트성 활동이 될 것만 같은 불안감이 들었다. 교육과정 재구성을 통해 교과서를 재구성했으니 과감하게 국어 4차시 중 1차시를 학습도구어 공부에 할애하기로 마음먹었다. 마음을 먹기까지 진도 나가는 것에 대한 부담감 등으로 고민했지만, 아이들에게 좀 더 중요한 것이 무엇일지 거듭 생각했다. 그러고 나서 내린 결론은, 무엇보다 어휘력 향상이 중요하다는 것이었다. 아이들에게 현실적으로 도움이 될 수 있는 수업을 해야 한다는 생각과 그러기 위해서는 더 늦기 전에 어휘력 향상에 집중해야 한다는 생각이 합해져 과감하게 한 차시를 학습도구어를 다루는 데 할애할 수 있었다.

시간은 확보되었지만 문제는 수업 방법이었다. 국어 교과서에 나오는 어려운 어휘의 개수보다 더 방대한 이 어휘들을 어떻게 아이들에게 접근시켜 줘야 할까? 어떻게 하면 이 목록에 있는 어휘들을 최대한 많이 아이들에게 이해시키고 알게 할 수 있을까?

어휘 목록이 너무 방대해서 먼저 체계를 잡아주지 않고 아이들에게 제시하면 첫 페이지 목록에 있는 단어들을 보다가 포기할 것만 같았다. 일단 학습도구어 목록을 모두 출력하여 학생들에게 한 부씩 나누어 줬다.

학생 헐…… 선생님, 이걸 다 외워요?

교사 아니, 여기서 너희가 알고 있는 어휘는 제외하면 되는 거지.

학생 아는 어휘가 몇 개 없는데요.

교사 무슨 소리야? 이거 중3 수준인데!

일단 압도적인 어휘의 양에 아이들은 시작부터 반항심을 보였다. 특히 중3 수준이니 모르는 어휘들만 선별해서 공부하면 된다고 했던 나의 발언이 큰 실수였다는 사실을 깨달았다. 이미 어휘력 부족, 문해력 부족을 느끼고 있는 아이들에게 중3 수준이니 쉬울 거라고 단언하다니! 앞선 Start 프로그램에서 심각한 아이들의 어휘력 수준을 이미 목격하지 않았던가. 곧 내 실수를 인정하고 차근차근 함께 보며 체계를 잡는 작업부터 하자고 설득했다. 선생님이 도와주겠다고, 시간을 투자해서 같이 목록화를 시켜보자고 제안했다.

학습도구어 목록을 아이들과 함께 읽으며 먼저 같은 어휘군으로 묶었다. 예를 들면, 목록 순서대로 '1번: 가결, 2번: 가결되다, 3번: 가결하다'를 하나로 묶고 '4번: 가능, 5번: 가능성, 6번: 가능하다'를 하나로 묶었다. 이렇게 1차시를 투자하여 함께 읽으며 어휘군으로 묶으니, 몇백 개의 어휘로 그 수가 확 줄어들었다. 1차시를 함께 하고 나서 아이들에게 '중3 수준에서 지금까지 배운 내용들을 이해하기 위해서는 꼭 알아야 하는 필수 어휘들이니, 여기에 나오는 어휘들의 뜻은 우리가 1년 동안 꾸준하게 반복해서 공부하면서 뜻을 완벽하게 이해할 수 있도록 하자.'라고 안내하며 마무리를 했다.

2,440개의 어휘를 마주했을 때 충격받던 아이들도 같은 어휘군으로 묶고 나서 그 개수가 줄어든 것을 보고 '이 정도면 할 수 있겠다'는 자신감을 보이기 시작했다. 1년 동안 공부하라니, 앞으로 남은 시간이 얼마나 많은가? 아이들의 표정에서 조금씩 여유가 보이기 시작했다. 이 프로그램을 시작하기 전에 학습도구어 목록에 대한 아이들의 반감을 줄이는 일이 급선무였기에, 조금이나마 편안해진 아이들의 표정에서 묘한 안도감이 느껴졌다.

"선생님, 1년 동안이면 이까짓 거 껌이죠."

제발 1년 뒤에는 아이들이 더 자신감 있게 으스대길, 아이들의 어휘력이 한층 더 좋아지길 바라며 조심스레 다음 수업을 이어나갔다.

* 오늘의 학습도구어(사고도구어)는?

* 위에서 적은 어휘의 뜻을 찾아 적어보세요. (최소 6개 ~ 최대 15개)
15개 다 채우면 마이쭈 2개

2. 학습도구어(사고도구어)로 문장 만들기

2차시에는 지난 시간에 같은 어휘군으로 묶은 어휘들을 다시 펼쳐놓고 어휘 옆에 표시되어 있는 난이도에 주목하는 활동을 진행했다.

"얘들아, 옆에 숫자 보여? 이게 난이도거든. 그러니까 1단계가 가장 쉬운 어휘이고 7단계가 가장 어려운 어휘라고 생각하면 돼. 같은 어휘군에서도 숫자가 조금씩 다른 게 보이지? 난이도가 조금씩 달라진다고 생각하면 돼. 자, 그럼 이번 시간에는 개인적으로 목록을 보면서 본인이 확실하게 알고 있는 어휘들은 넘어가고 잘 모르겠거나 완전히 처음 보는 어휘들을 형광펜으로 색칠해 볼까?"

개인적으로 활동을 시키되 모둠별로 함께 앉게 했다. 아이들은 나름 같은 모둠원들의 눈치를 보며 형광펜을 조심히 들어 모르는 어휘들을 체크하기 시작했다. 물론 시작부터 형광펜을 죽죽 긋는 아이들도 있었다. 한참을 긋다 민망했는지 주위를 둘러보고 헛기침을 하는 아이도 있었고, 손이 아파서 더 이상 못 하겠다는 아이도 생겨났다. 막상 해보니 모르는 어휘가 많았는지 몇몇 아이들 표정에서 당혹감이 보였다. 교과서에서 그 뜻을 모르는 어휘들의 목록도 상당했는데, 그보다 좀 더 어려운 학습도구어의 뜻을 모른다는 것은 어찌 보면 당연했다. 손가락이 아파 포기하기 전에 얼른 아이들을 회유해야만 했다.

"이거 1년짜리 프로젝트니까 조급하게 생각하지 말자. 처음에 엄청 많아 보였는데 우리가 어휘군으로 묶으니 개수가 확 줄었잖아? 근데 지금부터는 너희가 아는 어휘들을 지워도 그 개수가 확 줄지 않을 수도 있어. 근데 1년 뒤에는 다 알 수 있다고 생각해 봐. 별거 아니야. 그리고 솔직히 선생님도 이 목록에 있는 어휘들 중에 뜻을 정확히 모르는 것도 있어. 선생님도 공부하고 너희도 공부하고, 오케이?"

처음에 중3 수준이라고 했던 말을 기억하는 아이들의 반격도 물론 있었다.

학생 선생님. 이거 중3 수준이라고 했잖아요. 그런데 너무 어려워요. 그리고 너무 많아요.

교사 미안해. 선생님이 잘 몰랐어. 중3 수준 아니고 어려운 거 맞아. 그러니까 힘내서 해보자.

아이들이 학습도구어에 대해서 인터넷 검색을 해볼까 봐 마음이 조마조마했다. 하지만 다행히도 인터넷 검색을 해보는 아이들은 없었다. 일주일에 한 번이라 그런지 횟수를 거듭할수록 반항이 줄어들었다.

아이들은 매주 한 시간씩 모둠별로 모여 앉아 뜻을 모르는 어휘들을 정리해 나갔다. 난이도를 표시한 숫자들을 보며 서로를 놀리는 여유도 생겼다.

학생 1 야, 이거 난이도 3이거든. 이것도 모르냐?

학생 2 너도 몰랐으면서.

앞서 진행했던 교과서 어휘사전 만들기 프로그램과는 방법적인 측면에서 조금 차별화가 필요했다. 교과서 어휘사전 만들기 프로그램은 교과서를 공부하기 전에 미리 모르는 어휘들의 뜻을 찾아 사전처럼 단순하게 정리해 두고 필요할 때 찾아서 확인하며 교과서의 내용을 이해하는 데 도움을 주고자 한 것이었다. 그런데 학습도구어 목록에는 문장이 제시되어 있지 않기 때문에 아이들이 정확하게 어휘의 뜻을 이해했는지 확인해 보기 위해서는 차시마다 어휘 뜻을 정리하고 나서 해당 어휘가 포함된 문장 만들기를 해보는 수밖에 없었다.

처음에는 어휘가 포함된 문장을 만들어 이해해 보라는 과제를 내주었다. 하지만 이 방법으로는 개별적인 이해도를 확인하기 어려웠다. 한 명 한 명의 아이들이 정확하게 그 어휘의 뜻을 이해했는지 알기 위해서는 개별적으로 문장을 만들어보게 하는 것이 더 좋을 것 같았다. 먼저 그날의 어휘 뜻을 공부한 뒤 그 어휘가 포함된 문장 만들기를 순차적으로 하게 했다. 물론 모둠원들의 어휘력 수준이 서로 달랐기 때문에 같은 어휘를 공부하기보다는 늘 다른 어휘들을 공부하고 있을 때가 많았다. 그래서 각자의 수준이나 진행 속도에 맞게 해나가도록 하는 것이 더 좋을 것 같았다. 물론 교사가 한 시간 내내 순회하며 다녀야 한다는 점이 조금 힘들기는 하지만, 차시를 거듭하다 보니 오히려 수업 준비를 할 필요가 없어졌다. 그래서인지 어느덧 학습도구어 수업을 하는 날이 기다려지기까지 했다. 물론 그 기다림에는 '오늘은 아이들이 얼마나 더 많은 어휘의 뜻을 공부하고 이해하게 되려나?' 하는 기대감도 있었다.

아이들은 앞서 진행한 교과서 어휘사전 만들기 프로그램 덕분인지 어휘의 뜻을 찾아 정리하는 일을 수월하게 해냈다. 다음 단계인 '문장 만들기'는 조금 힘겨워하는 아이들이 있었지만, 대체로 1~4단계의 난이도까지는 문장의 모습을 얼추 갖추어 만들어냈다.

학생 1　결성은 '조직이나 단체 따위를 짜서 만듦'이라는 뜻이니까, 음…… 세븐틴 팬들을 모아 팬클럽을 결성하다!

학생 2　헉, 너도 세븐틴 좋아해?

학생 1　너도? 너는 누구 제일 좋아해?

물론 이런 식으로 대화가 이상하게 흘러가는 경우가 많았다. 순회하며 잠시 들른 나에게 "선생님도 세븐틴 아세요?"라고 묻길래 모른다고 대답했다가 엄청난 타박과 원망의 목소리를 듣기도 했다.

학생 1　동원은 '어떤 목적을 달성하고자 사람을 모으거나 물건, 수단, 방법 따위를 집중함'이라는 뜻이니까, 강당에서 의자 옮기는 일에 학생들을 동원했다!

학생 2　아, 역시 참치는 동원참치지.

학생 1　뭐래?

이렇게 맥락 없는 대화들이 오고 가는 경우도 많았다. 하지만 반짝이는 눈으로 어휘들의 뜻을 찾고 또 그 어휘들로 문장을 만들어보는 아이들의 모습이 너무 기특하고 대견했다. 이렇게 오고 가는 대화 속에서 아이들은 자연스럽게 자신들이 몰랐던 어휘의 뜻을 이해하게 되었다.

한꺼번에 많은 어휘를 공부하게 하는 건 아이들한테 부담을 줄 수 있다는 생각에, 개인별 수준에 맞게 최소 6개에서 최대 15개까지 어휘 공부를 할 수 있도록 속도를 조절했다. 아이들이 4단계 어휘까지는 수월하게 따라왔지만, 최고 난도인 7단계 어휘는 대체로 어려워했다. 이럴 때는 교사가 직접 문장을 만들어 보여주는 게 좋다. 교사가 만든 문장을 비슷하게라도 바꾸어보면서 그 뜻을 이해할 수 있도록, 어렵다고 포기하지 않도록 아이들을 돕는 방법이다.

학습지 양식

* 앞에서 찾은 어휘를 넣어 문장을 만들어보세요. (최소 6개 ~ 최대 15개)
15개 다 채우면 마이쮸 4개

3. 평가 및 수업 후기

역시나 상위권인 아이들은 평가에 대해 물어왔다. 그래서 학습도구어 수업 또한 평가 기준을 재구성했다.

평가 내용

성취기준	[10국02-04] 읽기 목적을 고려하여 자신의 읽기 방법을 점검하고 조정하며 읽는다.	
재구성 평가 기준	상	읽기 목적을 고려하여 자신의 읽기 방법을 점검하고 글을 이해하기 위해 학습도구어(사고도구어) 목록의 모르는 어휘의 뜻을 찾아 정확하게 파악한 뒤 주어진 글을 정확하게 읽을 수 있다.
	중	읽기 목적을 고려하여 글을 이해하기 위해 학습도구어 목록의 모르는 어휘의 뜻을 찾아 이를 파악한 뒤 주어진 글을 읽을 수 있다.
	하	읽기 목적을 고려하여 글을 이해하기 위해 학습도구어 목록의 모르는 어휘의 뜻을 찾을 수 있다.
평가 요소	학습도구어 뜻 찾기, 학습도구어가 포함된 문장 뜻 이해하기	

하지만 실제로 학습도구어 수업을 평가에 반영하지는 않았다. 정말 실생활에서 필요한 어휘력을 기르기 위해 꼭 필요한 공부라는 사실을 끊임없이 설명하고 설득하며 학습도구어를 이해시키는 데 집중했다.

과목별 세부능력 특기사항이라도 적어달라는 몇몇 아이의 요구가 있어 흔쾌히 적어주었다.

과목별 세부능력 특기사항

학습도구어(사고도구어) 목록에서 자신이 그 뜻을 잘 알고 있는 것, 잘 알지 못하는 것을 구별하여 그 뜻을 정리하는 지식·정보 처리 역량이 뛰어남. 학습도구어가 포함된 짧은 문장들의 뜻을 해석할 줄 알고, 의미가 비슷한 어휘들의 차이를 명확하게 설명할 줄 앎. 자신이 정리한 학습도구어들을 활용하여 완성도 높은 문장을 만들었으며, 다른 학생들에 비해 활용한 학습도구어 종류가 많은 것으로 보아 어휘력 수준이 상당히 높아 보임.

1년짜리 장기 프로젝트인 학습도구어 수업은 아이들과 나에게 잊지 못할 추억으로 남았다. 처음에는 목록 속 어휘의 개수에 경악하며 포기할까 망설였지만, 포기하지 않고 아이들과 함께 하길 잘했다는 생각이 많이 든 프로그램이었다. 아이들 또한 자기 주도적으로 공부하고 열성적으로 참여해 주었다.

이 프로그램은 기초학력 미달 학생들 수업과 최소 성취 수준에 도달하지 못해 보충 지도가 필요한 학생들 수업에서도 적극적으로 활용했다. 기초학력 미달 학생들과 최소 성취 수준 미도달 학생들 가운데는 믿을 수 없을 정도로 어휘력이 낮은 아이들이 많아서 어디서부터 손을 대야 할지 막막하기도 했다. 이런 학생들은 다문화 가정의 자녀인 경우가 대부분이었다. 어렸을 때 한국어를 제대로 습득하지 못한 어머니 밑에서 자라다 보니, 적절한 시기에 어휘를 제대로 익히지 못한 것이었다. 어머니가 동화책 한 권 읽어주질 못했으니, 책이나 글을 읽을 기회가 거의 없었다. 이러한 경험이 누적되어 초등학교에 입학했을 때부터 또래에 뒤처지다 보니 더욱 공부와 멀어지게 된 것이다. 다문화 가정의 자녀들을 학교에서 어렵지 않게 만날 수 있는 요즘, 학습도구어 수업은 기초학력을 기르는 데 아주 유용하게 활용할 수 있다.

교과서 어휘사전 만들기와 학습도구어 프로그램으로 어휘력 수업을 마쳤다. 사실 어휘력 수업을 마쳤다는 것은 말도 안 되는 말이다. 어휘력 공부에 끝이 있을 수 없기 때문이다. 또 어휘력 수업을 했다고 해서 문해력이 저절로 길러지는 것도 아니다. 하지만 중요한 것은 이러한 작은 시도가 아이들에게 어휘의 중요성을 알게 했고, 또 어휘를 많이 알아야만 글을 잘 이해하면서 읽을 수 있다는 깨달음을 주었다는 것이다.

아이들의 수업 후기

▸ 처음에 2000개 넘는 단어들이 적힌 프린트물을 주셔서 '이게 뭐 하자는 거지?' 싶었고 진심 토하는 줄 알았다. 내가 여기 있는 단어 뜻을 다 알 수 있을까 막막했는데, 막상 보니 뜻을 아는 단어들도 많고 해서 안도감이 들었다.

▸ 교과서 어휘보다 훨씬 어려웠던 것 같다. 특히 문장 만들 때 진짜 힘들었다. 선생님이 자꾸 어색한 문장이라 하셔서 고쳐보라고 하실 때마다 솔직히 좀 짜증이 났다. 근데 정말 단어 뜻을 많이 알게 된 것 같고, 그래서 선생님한테 고맙다. 샘, 감사해요!

▸ 국어 공부하다가 모르는 단어 있으면 우리가 만든 사전이 있어서 거기서 찾아볼 수 있어서 좋았다.

▸ 이거 꼭 내년 후배들한테도 시켜주세요. ㅋㅋ 우리만 당할 수 없음. 근데 도움은 됨!

▸ 일주일에 한 번이라 크게 힘들지 않았고, 어휘 공부를 많이 하게 되어서 좋았다. 내가 모르는 단어들이 많다는 사실에 충격을 좀 받았다.

- 이거 만든 사람 대체 누구입니까? 하…… 많이 힘들었다. 뜻 찾는 건 솔직히 네이버에서 금방 찾았는데, 문장 만드는 게 힘들었다. 너무 많이 해서 이제 문장 만들기 달인이 된 것 같다.

이 활동의 유의점

처음부터 2000개가 넘는 학습도구어를 아이들에게 제시한 것이 좀 후회된다. 차라리 목록화하는 작업을 혼자 진행한 뒤 몇백 개로 줄어든 단어를 제시했으면 어땠을까 싶기도 하다. 학생들이 대체로 단어의 수에 압박감을 느꼈기 때문이다.

단기 프로젝트로 진행하기보다는 1년 단위 또는 한 학기 단위의 장기적인 활동이 학생들에게 더 도움이 되며, 생각보다 문장 만들기를 어려워하기 때문에 순회 지도를 하면서 여러 가지 예시를 들어 최대한 스스로 문장을 만들 수 있도록 도움을 주어야 한다.

이 활동을 하며 힘들었던 점 또는 한계점

어휘의 개수가 많아 이를 아이들에게 다 배부할 만큼 출력하고 정리하느라 좀 힘들었다. 하지만 최근에는 이를 정리한 책자나 학습도구어(사고도구어)와 관련된 학습 출판물들이 있으니, 이를 활용하는 것도 좋은 방법이다. 예시 문장들이 제시되어 있는 경우도 많아, 실제로 그 어휘가 어떻게 문장 속에서 쓰이는지 접해볼 수도 있다.

수업을 진행하면서 교과서 어휘사전 만들기처럼 학생들이 만든 예시 문장들을 하나의 자료로 모았다면 다음 해에 학생들에게 활용하기 좋았을 텐데, 종이 학습지로 모아 개인에게 배부하고 끝낸 점이 아쉽긴 하다.

이 또한 꾸준하게 활용하지 않으면 일회성에 그치는 수업이 되고 만다. 그래서 매 차시마다 전 시간에 배웠던 어휘들을 다시 확인해 보는 시간이 필요할 것 같은데, 주제별 읽기를 함께 진행하다 보니 그럴 시간을 따로 마련하지 못했던 것도 아쉽다.

start up

Ask

질문하며 읽기

1. 문학 감상 문해력

어휘력 다음 단계는 글이다. 어휘력을 기르는 것이 기본이자 문해력 향상에 중요한 일이긴 하지만, 어휘들의 뜻을 많이 안다고 해서 저절로 글을 쉽게 이해하고 읽을 수 있는 것은 아니다. 글을 많이 읽어봐야 비로소 글에 포함된 어휘들의 뜻을 더욱 명확하게 알 수 있고, 나아가 글을 제대로 이해할 수 있다.

국어 교과서에는 수많은 읽기 제재가 실려 있다. 설명문과 논설문을 비롯해 시, 소설, 수필, 시나리오 같은 문학 제재들도 있다. 문학 제재들도 읽기의 재료인데, 아이들은 문학 작품들을 제대로 읽고 있을까?

그래서 문해력 향상 세 번째 단계로 문학 제재를 가져왔다. 그 중에서도 현대시 작품들을 골랐다. 시를 고른 이유는 간단했다. 길이가 짧으니까. 일반적인 글에 비해 문학 제재들을 더 어려워하는 아이들에게 길이가 긴 소설을 던져주면 시작도 할 수 없을 것 같았다.

"혹시 시집 읽는 친구 있나요?"

아이들이 웃었다. 교실 속 아이들을 지나다니며 감동적인 시를 한 편 읽어주는 선생님의 모습, 그런 선생님의 시 낭송을 들으며 아련한 표정을 짓는 아이들의 모습. 이런 장면을 가끔 드라마나 영화에서 봤는데, 역시나 픽션이었다.

"선생님, 그런 거 읽으면 왕따 당해요!"

'그런 거'라니! 역시나 아이들은 시를 싫어했다. 시를 감상하는 것 또한 문학 제재를 제대로 이해하는 문해력인데, 아이들은 학교에서 시를 시답게 공부하지 못했던 것이다. 시에 온통 동그라미를 치고 시어의 의미를 달달 외우고, 역설법인지 비유법인지 그 표현 방식을 찾아내고, 시의 주제와 내용적·형식적 특성을 암기하고……. 이렇게 아이들에게 시는 시험을 치기 위해 공부해야 하는 대상일 뿐이었다. 그러니 시집을 읽으면 왕따를 당하는 웃픈 현실이 되어버린 것이다.

아이들이 시를 시답게 마주하게 하고 싶었다. 또한 문해력이 단지 비문학 제재에만 적용되는 것이 아니라는 사실을 알려주고 싶었다. 이왕이면 문학 제재를 이해하고 자신의 삶에 적용할 수 있는 문학 감상 문해력도 길러주고 싶었다. 그래서 생각한 것이 '질문하며 읽기' 프로그램이다. 외워야 하는, 시험을 위해 공부해야 하는 시선으로 바라보는 문학 작품이 과연 무슨 의미가 있을까? 문학 작품을 배우는 이유가 단순히 시험에서 높은 점수를 얻기 위함이 아님을 알려주고 싶었고, 이를 위해서는 아이들이 문학 작품을 스스로 감상하고 느끼고 내면화하는 과정이 필요했다.

'시를 감상하며 작가의 의도를 파악하고 떠오르는 질문을 만들어 이에 대한 답을 함께 찾아보는 과정을 통해 학생들은 문학 작품을 좀 더 자유롭게 감상할 수 있지 않을까? 이게 바로 문학 감상 문해력 아닐까?'

이러한 생각이 들자 마음이 또다시 쿵쾅거리며 조급해졌다. 당장 교과서에 실려 있는 현대시들을 정리했다. 그리고 학생들에게 시를 던져줬다. 시와 관련된 어떤 언급이나 설명도 없이 시를 읽게 했을 때, 아이들이 어떤 반응을 보일지 궁금했다.

"자, 오늘 배울 작품은 정지용의 <향수>입니다. 모둠원의 발표자 친구들이 낭독을 해본 뒤에 작품을 한번 분석해 보세요."

낭독까지는 수월하게 했지만, 그다음부터가 문제였다.

"선생님, 뭘 어쩌라는 거예요? 왜 필기는 안 해주시나요?"

빨리 필기를 하고 설명을 해달라는 표정으로 아이들은 나를 쳐다봤다. '작품을 분석하라니, 밑도 끝도 없이 이게 무슨 요구인가? 싸워보자는 건가?' 하는 표정으로 나를 바라보는 아이들의 눈초리가 매서웠다. 오늘 공부할 제재가 시라는 사실을 알고 엎드려 잘 자세를 취하는 아이들도 보였다. 너무 준비 없이 덤빈 셈이었다. 아이들에게 문학 감상 문해력을 길러주려면 많이 고민하고 구체적 계획을 만든 다음에 시작했어야 했는데, 그러지 못한 것이다. 교사의 눈에는 교과서에 실린 시가 쉬워 보이지만 아이들은 그렇지 않은데, 더군다나 시를 '그런 거'라고 표현하는 아이들인데 내가 너무 불친절했다는 사실을 곧 깨달았다.

교사　음, 그럼 이 시를 읽고 궁금한 게 있는 사람?

학생 1　향수 뜻이 뭐예요?

학생 2　지줄대는 게 뭐예요?

어휘력 수업을 열심히 하고 있던 터라 아이들은 죄다 어휘의 뜻만 물었다.

교사　너희가 만든 사전에서 찾아봐!

학생 1　향수는 고향을 그리워하는 마음이요.

학생 2　지줄대는 건 낮은 목소리로 자꾸 지껄이는 거요.

교사　오, 좋아! 또 궁금한 거 있는 사람?

학생 3　그럼 향수는 이 시의 주제인 거예요?

아이들과 질의응답을 해나가면서 이런 생각이 들었다. '꼬리에 꼬리를 무는 질문으로 서로 그 질문에 대한 답을 찾아보게 하자. 답을 찾는 과정에서 함께 시를 이해하고 감상하는 경험을 하게 하자. 필기해서 달달 외우는 감상이 아닌 질문을 통해 그리고 그 질문에 대한 답을 통해 문학 감상 문해력을 길러주자.' 이러한 생각을 조금 더 구체화시켜 '질문하며 읽기'를 진행했다.

2. 질문하며 시 읽기

먼저 아이들에게 시를 읽으면 바로 답이 나오는 질문과 시를 읽어도 답이 바로 나오지 않는 질문 중 어떤 것도 상관없으니 감상한 시에서 질문을 하나씩 만들어보라고 말했다. 한 사람당 한 개씩의 질문은 반드시 만들도록 했더니, 처음에는 바로 답이 나오는 질문들이 다수였다.

- 이 시를 쓴 작가의 이름은?
- 이 시는 몇 연으로 되어 있는가?
- '향수'는 무슨 뜻인가?
- '실개천'이 무슨 뜻인가?

시를 읽어도 바로 답이 나오지 않는 질문들을 추가해서 생각해 보라고 했더니 처음보다 꽤 많은 시간이 걸렸다. 괴로워서 머리를 벅벅 긁어대는 아이도 있고, 원망의 눈길을 보내는 아이도 있었다. 하지만 굴하지 않고 진행했다. 문학 감상 문해력이 길러져야 문학을 즐기는 어른으로 자랄 수 있을 테니까.

- 작가는 왜 이 시를 썼을까?
- 작가는 고향에서 떠나서 살고 있나?
- '초라한 지붕'이니까, 화자가 가난했을까?

사탕과 젤리를 제공하고 질문 만들 시간을 준 결과, 아이들 모두가 하나씩 궁금한 질문을 만들어냈다. 그다음에는 모둠별로 질문을 공유하고 그 질문에 대한 답을 서로 생각해 보게 했다. 적극적이고 똘똘한 학생이 다수인 모둠은 빠른 속도로 질문들을 이해하고 답까지 생각했다. 하지만 다른 모둠들은 대체로 어려워하는 것이 한눈에 보였다. 그럴 때는 모둠을 순회하며 일부러 생각할 거리를 던져줘서 질문을 만들 수 있게끔 티 나지 않게 도와줬다. 이렇게 모둠별 활동을 하고 난 뒤 모둠별로 3개의 대표 질문을 선정하게 했다. 그리고 모둠에서 기록을 맡은 학생에게 공유된 링크의 패들렛에 모둠의 대표 질문들을 업로드하게 했다.

패들렛에 업로드된 질문들

보통 한 학급이 대여섯 모둠 정도의 규모라 총 15개에서 18개 정도의 질문이 업로드되었다. 이 중 중복되는 질문들을 제외하면 시 한 편을 공부할 때마다 아이들이 생각해야 할 질문의 개수가 10개에서 15개 정

도 되었다. 기존에 나누어준 학습지 왼쪽에 패들렛에 업로드된 질문을 적고, 오른쪽에는 모둠원들과 함께 해당 질문에 대해 이야기를 나눈 뒤에 나온 답들을 정리해서 적게 했다. 나는 수업 시간 50분 동안 시에 대해 설명도 강의도 하지 않았다. 다만 아이들이 활동하는 내내 순회하며 어려워할 때마다 생각의 단계를 뛰어넘을 수 있을 만한 힌트를 넌지시 제시해 주었다.

처음에는 질문 만들기 자체를 어려워하던 아이들도 모둠원들과 함께 해결한다는 데서 용기를 얻어 점점 적극적으로 따라오기 시작했다. 그리고 강의를 듣지 않고 시어의 의미 하나하나 필기를 하지 않더라도 시를 이해하는 기적 같은 경험을 하게 되었다며 신기해했다. 자신들이 스스로 질문을 만들고 그 질문에 대한 답을 함께 찾아가며, 작가가 시를 쓴 이유와 시에서 말하고자 하는 이야기 등을 알아가기 시작했다.

질문하며 시 읽기 학습지 일부

질문	질문에 대한 우리 모둠의 생각
계집아이는 어떤 모양의 머리일까.	단발머리. (비유) - 직유법 (~같은)
왜 계집아이 하필머리일까	고향의 향기를 그리워하는 마음 / 향수병
정지용 작가는 어떤 마음으로 시를 만들었나.	고향을 그리워하는 마음
'흙에서 자란 내 마음'이 무엇을 표현하려고 했을까?	시골에서 자랐다.
왜 '그곳이 차마 꿈엔들 잊힐리야'를 (반복)했는가	운율 + 내용 강조.
'전설 바다에 춤추는 밤물결' 이 무슨 뜻일까. 비전신변	(누이의 머리에 비유) ^ 밤물결이 바다에 비치고 파도치는 모습 표현 이야기 속의 ~~[illegible]~~
화자가 그리워하는 고향은 어떤 모습일까.	시골. 화목한 가족. → 있다. 그리워하는 고향의 모습 ~ 하다
시에서 반복하는 후렴구는 무엇을 의미할까.	고향에 대한 그리움.
'그곳이 차마 꿈엔들 잊힐리야'는 뭔 의미인가.	꿈에서 고향을 잊을 수 없다.
비인 밭에 밤바람 소리 말을 달리고 의 심상은?	청각의 시각화. (청각+시각) ↳ 공감각적 심상
흙에서~ 휘적시던 곳 의미는?	~~어린시절 고향의 모습~~ 나의 어린시절 (유년시절)
정지용 작가가 왜 (고향)을 그리워하고 있을까? → 긍정적인 것. 그리움의 대상.	현실이 너무 힘들어서 / 고향이 좋아서
정지용 작가가 그리워하는 것은 어떤 것이 있을까.	(고향), 가족.

3. 평가 및 수업 후기

'질문하며 시 읽기'에서 조금 더 나아가 아이들에게 애송시 한 편쯤은 있었으면 하는 바람이 생겼다. 그래서 이를 평가에 반영해 보았다.

평가 내용

성취기준	[10국02-01] 읽기는 읽기를 통해 서로 영향을 주고받으며 소통하는 사회적 상호작용임을 이해하고 글을 읽는다.	
재구성 평가 기준	상	읽기는 다른 구성원들과 영향을 주고받으며 의미를 만들어가는 사회적 상호작용임을 이해하고, 자신의 애송시를 감상하며 작가의 의도를 파악하고 이와 관련된 질문을 만들고 답을 찾아 읽을 수 있다.
	중	읽기는 다른 구성원들과 영향을 주고받는 상호작용임을 이해하고, 자신의 애송시를 감상하며 관련된 질문을 만들고 이에 대한 답을 찾아 읽을 수 있다.
	하	자신의 애송시를 감상하며 관련된 질문을 만들고 이에 대한 답을 찾아 읽을 수 있다.
평가 요소	애송시 선정하기, 질문 제작하기, 질문에 답하기	

아이들은 큰 거부감 없이 자신의 애송시를 읽고 궁금한 점을 생각했다. 그런 거 읽으면 왕따 당한다더니, 인터넷에서 시를 찾아 읽고 까르르 웃는 아이도 있었고, 슬픈 시를 읽다 훌쩍거리는 아이도 있었다. 여자친구에게 보낼 사랑시를 찾아 신나게 옮겨 적는 아이, 처음 겪은 이별에 마음이 아파 이별시를 찾아 읽으며 상처받은 마음을 달래는 아이도 있었다. 아이들은 각자의 사연에 맞게 애송시를 골랐는데, 용케도 자신의 상황이나 처지를 표현하는 시를 잘 골라냈다. 아이들이 고른 수많은 애송시 가운데 가장 기억에 남는 작품과 질문은 안도현 시인의 〈스며드는 것〉을 애송시로 고른 한 아이의 질문과 답변이었다.

(1) 꽃게는 왜 간장 속에 몸을 담그고 있나요?

사람들이 간장게장 해 먹으려고 담가놓았다.

(2) 꽃게 배 안의 알은 왜 있을까요?

임신 중이다. 꽃게는 그러니까 임신이 가능한 암컷이다.

(3) 꽃게는 왜 알들에게 "저녁이야. 불 끄고 잘 시간"이라고 했을까요?

곧 사람들한테 먹히니까 알들이 무서워할까 봐.

(4) 이 시가 말하고자 하는 건 뭘까요?

자식을 사랑하는 엄마 마음? 알을 걱정하는 꽃게의 마음?

(5) 이 시를 읽고 떠올릴 수 있는 존재는?

엄마, 새끼, 자식 등

(6) 이 시를 읽고 내가 엄마한테 하고 싶은 말은?

엄마도 나 혼자 두고 병원에 입원했을 때 이렇게 내 걱정 많이 했지? 엄마 걱정 덕분에 나 잘 크고 잘 지내고 있어! 내 걱정 너무 하지 말고 나중에 하늘나라에서 만나면 꽃게처럼 나 꼭 안아줘! 사랑해!

도저히 점수를 매길 수 없는 평가지였다. 점수를 매기다 말고 안방으로 달려가 곤히 자고 있는 두 아들을 꼭 껴안고 한참을 울었다. 수행평가 채점을 하다가 이리 폭풍 오열을 할 수 있다니! 이 아이는 애송시라고 선정한 그 시를 이미 자신의 삶에 녹이고 있었다. 시어의 의미를 외우고, 표현 방식을 찾고, 몇 연 몇 행인지 확인하고…… 이런 공부를 전혀 하지 않아도 시의 내용과 의미를 완벽하게 자기 것으로 만든 것이다. 이게 바로 문학 감상 문해력 아닐까?

'질문하며 읽기' 프로그램은 아이들의 성장 가능성을 다시 한번 엿보게 해주었다. 문해력을 기르기 위해서는 여러 읽기 재료를 접해야 하며, 그 가운데 문학 작품도 예외가 아님을 깨닫게 해주었다. 비문학 제재들만으로 문해력 기르기 프로젝트를 진행했다면 문학 감상 문해력의 중요성을 몰랐을 테고, 감동적인 결과물 또한 만나지 못했을 것이다.

이후 교과서에 나오는 시 제재들은 모두 '질문하며 읽기' 프로그램으로 작품 감상 및 이해를 진행했다. 이 또한 과목별 세부능력 특기사항이 중요하게 기록되길 바라는 아이들이 많아 적극적으로 문학 감상 문해력을 발휘한 아이들에게 아래와 같은 내용을 기입했다.

과목별 세부능력 특기사항

처음에는 서정 갈래를 이해하고 감상하는 것에 어려움을 겪었으나 모둠원들과 함께 '질문하며 읽기'를 통해 서정 갈래를 좀 더 폭넓고 깊게 이해하는 경험을 하게 됨. 이러한 경험을 통해 서정 갈래를 이해하는 것을 그리 어렵지 않게 생각하게 되었고, 교과서 밖의 다른 작품들까지 스스로 찾아 감상하는 태도를 보임. 주체적인 관점에서 감상해 보는 경험은 서정 갈래를 이해하는 것뿐만 아니라 다른 갈래의 문학 작품을 이해하는 데에도 도움이 된다는 사실을 깨닫고 문학 작품에 대한 관심도가 높아짐.

자습서를 보고 필기하거나 유튜브 검색을 통해 시를 해설하는 강의를 볼 수 있음에도 불구하고 우리는 왜 교실에 모여 앉아 문학 공부를 하는 것일까? 이 질문에 대한 답을 얻을 수 있었던 잊지 못할 '질문하며 읽기' 프로그램이었다.

아이들의 수업 후기

- 대뜸 질문을 만들어보라 하셔서 뭔 소리인가 싶었는데, 샘이 먼저 다른 작품으로 질문 만드는 거 보여주셔서 신기했다. 많이 안 만들고 하나만 만들어서 모둠원끼리 합치니까 3~4문제는 금방 나와서 크게 힘들지 않았다. 그리고 우리끼리 질문 만들어보고 답을 찾아보았는데, 그러면서 시 내용을 이해하게 되어서 신기했다.

- 중학교 때까지 교과서에 필기하고 그거 외워서 시험 쳤는데…… 사실 좀 막막했다. 시험 치기 전에는 '뭘 공부해야 하는 거지?' 싶었는데, 막상 시험에 진짜 우리가 만든 문제들이 나오니까 그다음부터는 편하게 공부할 수 있었다.

- 시가 어려운 게 아니라는 점을 깨달았다. 그리고 친구들이랑 같이 이야기하면서 시를 보니까 재미있었다.

- 질문이 이해가 안 될 때 손들면 샘이 와서 도와주시니까 크게 힘들지는 않았다.

- 국어영역 문제 풀 때도 내가 궁금한 거 위주로 답을 해보면서 시를 감상하니 금방 이해가 되어서 문제 풀기 좋았다.

이 활동의 유의점

처음에는 질문하며 읽기가 익숙하지 않아 학생들이 단편적인 질문을 만들거나 답이 바로 나오는 질문을 만들 수 있다. 이때 교사가 부정적인 반응을 보이면 이 활동이 지속적으로 이어지기 힘들 수 있으니, 처음에는 긍정적인 반응을 보여주고 좀 더 생각할 수 있는 질문들을 만들 수 있도록 유도하는 과정이 중요하다. 특히 하위권 아이들의 경우에는 교사의 적극적인 개입이 필요하다.

또 처음에 교사가 정확하게 시범을 보여주어야 한다. 바로 답이 나올 수 있는 질문과 생각해 볼 수 있는 질문을 예시 작품을 통해 직접 만들어보고 학생들에게 보여주어야 한다. 질문 만드는 시간을 처음에는 8분 정도 주고, 그다음부터 점점 줄여나가다 보면 나중에는 아이들이 질문 하나를 만드는 데 3분 정도면 충분하다.

이 활동을 하며 힘들었던 점 또는 한계점

교과서에 있는 제재는 학생들이 미리 질문을 만들어 오는 경우가 있었고, 학원이나 인강에서 다룬 작품에서 중요하다고 생각하는 포인트들을 질문으로 만든 경우도 있었는데, 이는 결국 시험 위주의 작품 감상이 되기 십상이다. 물론 입시가 중요한 고등학생들이라 이런 점이 나쁘다고만 볼 수 없지만, 학생들의 문학 감상 문해력이 잘 길러지지 않는 것 같아서 고민이 많았다.

교과서에 있는 제재들도 좋지만, 교과서 밖 작품들도 학생들에게 많이 제시해야겠다고 생각했다. 그래서 같은 작가의 다른 작품이나 교과서에서 배운 작품과 내용, 형식, 표현 면에서 유사성이 있거나 오히려 대조적인 작품들도 골라서 제시했는데, 그러다 보니 또 진도가 늦어져서 애가 탄 경우도 있었다. 그래도 어쨌든 교과서에 매몰되어서는 안 되겠다고 생각했고, 그러려면 교육과정을 재구성하는 작업이 필요하다고 생각되었다.

start up

Relation

연관 지어 읽기

1. 무엇을 읽힐까 - 알고리즘

이제는 본격적으로 글을 읽혀야 했다. 앞서 아이들에게 받았던 설문지를 보면, 아이들 대다수는 자신들이 얼마나 글을 멀리하며 살고 있는지 잘 알고 있었다.

아침에 일어나자마자 스마트폰부터 켜고는 밤새 업로드된 SNS의 글들, 메시지, 구독 버튼을 누른 채널에서 오고 간 댓글들을 읽는 일로 하루를 시작하는 아이들은 그것이 본인들이 하루에 읽는 글의 대부분이라는 사실을 아주 잘 알고 있었다. 간혹 공부를 열심히 하는 아이들은 교과서나 문제집의 지문을 자신들이 읽은 글에 추가시켰다. 안타깝게도 따로 시간을 내어 신문 기사를 읽는다거나 책을 읽는 아이들은 손에 꼽을 정도였다.

이런 아이들에게 갑자기 책을 들이밀며 읽자고 하거나 책 읽기의 중요성을 설교하는 일은 그야말로 허공에 하는 삽질과도 같다. 하지만 그렇다고 포기하는 건 나의 다짐과 그동안의 노력에 부끄러운 일이었다. 그렇다면 방법은 하나, 아이들이 글을 읽고 싶게 만들어야만 했다.

교과서에 실려 있는 소설 한 편을 가르쳤다. 뒤이어 나오는 영화 시나리오와 함께 엮어 읽으며 서사 갈래와 극 갈래의 특징을 비교하고 문학 갈래의 특성에 대해 공부하는 단원이었다. 먼저 소설부터 읽혔다. 큰 소리를 내어 모두가 함께 읽었다. 내가 먼저 읽고 모둠별로 책을 읽게 했다. 교실을 가득 채우는 아이들의 책 읽는 소리가 듣기 좋아 한동안 눈을 감고 듣기까지 했다. 졸지 않고 돌아가며 이렇게 책을 잘 읽다니! 여기까진 좋았다. 다음 수업 시간에 함께 읽었던 소설의 내용을 묻는 간단한 문제들을 들고 들어갔다. '너무 쉬워서 다 맞혀버리는 거 아닐까?' 살짝 걱정했지만, 괜한 생각이었다. 정말 간단한 내용을 묻는 빈칸 채우기 문제도 잘 해결하지 못할뿐더러, 내용 이해를 묻는 OX문제도 틀리기 일쑤였다. 내 표정은 점점 굳어져 갔지만, 그런 나를 바라보는 아이들의 표정은 참 해맑았다.

"소리 내서 책 같이 읽었잖아? 아니, 주인공 이름도 착각하면 어떡하냐?"

소리 내어 읽으면서 도대체 머리로는 무슨 생각들을 한 걸까? 입으로는 소리 내어 말하고 눈으로는 글자를 보면서 동시에 머리로는 다른 일을 할 수 있나? 인체의 신비까지 느껴졌다. 도대체 지난 수업 시간 동안 나는 무슨 짓을 한 것일까? 그 시간이 아깝기까지 했다. '차라리 책을 읽어 오게 할 걸 그랬나?' 하는 생각도 들었지만, 그랬다면 절반쯤은 아예 책을 펼쳐보지도 않고 수업에 들어왔을 것이다.

막막한 생각에 한숨이 푹푹 새어 나왔다. 어디서부터 손을 대야 하나…… 다시 가슴이 답답해졌다. 어려운 글도 아닌데, 심지어 수업 시간을 다 써가면서까지 책을 함께 읽었는데, 어떻게 이렇게 집중을 안 할 수 있단 말인가!

"선생님, 분명 재미있게 읽었거든요. 근데 진짜 선생님께서 만든 질문이 어디에 나와 있는 내용인지 잘 모르겠어요."

환장할 노릇이었다. 재미있게 집중해서 읽었는데 돌아서니까 모르겠다니. 하지만 언제까지나 한숨만 쉬고 있을 수는 없는 노릇이었다. 아이들 문해력을 길러주겠다고 마음먹지 않았는가. '이미 출발 전부터 우리 아이들은 이 상태였다. 놀라지 말자.' 이렇게 다시 마음을 가다듬고 앞으로 나아가는 수밖에 없었다. 이제는 '너희가 이기나 내가 이기나 해보자.' 하는 심정까지 생겼다.

그렇다면 어떤 글부터 아이들에게 내밀어야 할까? 무조건 짧은 글? 아니다. 짧더라도 내용이 어려우면 아이들에게는 그저 읽기 싫은 글일 뿐이다. 예전부터 아이들과 신문 사설 읽기를 함께 하고 모르는 어휘 찾기 활동 같은 것들을 방과후 수업에서 많이 해봤지만 그때뿐이었다. 아이들의 흥미를 끌지는 못했다.

그러던 어느 날, 수업을 위해 한 교실에서 컴퓨터를 켜고 유튜브에 접속했다. 화면 가득 유럽 축구, 프리미어 리그, 축구 선수 등 빼곡하게 축구와 관련된 영상들이 나를 맞이하고 있었다.

교사　누가 유튜브로 맨날 축구 보냐?

학생 1　선생님, 그거 창호 계정일걸요.

창호　저는 그냥 손흥민 선수 골 넣은 거 몇 번 검색해서 봤거든요. 근데 그 뒤로 유튜브에 축구 관련된 영상들이 떠요. 그리고 제가 노래에 관심이 많아서 노래 잘하는 유튜버들 계정에 들어가서 노래 자주 듣는데, 어떤 날은 그 음악 감상하는 영상들만 가득 떠요. 누가 저 감시하나 봐요!

교사　감시가 아니고 네가 검색하고 자주 보는 영상들을 기록해서 추천해 주는 거야. '알고리즘'이라고 못 들어봤어? 그럼 다른 거 검색해서 보면 되지.

창호 근데 또 제가 좋아하는 거니까 그냥 뜨면 보게 되고 시간 가는 줄 모르고…… 뭐 그래요.

멋쩍게 웃는 창호를 보며 함께 따라 웃다가 나는 순간 멈칫했다. '그래, 알고리즘! 이거였어!'

아이들이 주로 읽는 인터넷상의 글들은 거의 자신들의 관심사와 일치했다. 알고리즘의 폐해(?)로 아이들은 자신들이 관심 있어 하는 것에만 눈길을 주고 있었다. 아이들이 자주 접속하는 대부분의 사이트들은 아이들이 주로 검색하는 단어나 내용과 관련된 콘텐츠들을 추천 카테고리에 업로드해 주고 있었다. 아이들이 자신의 관심사에만 집중한다? 그렇다면 나는 이 알고리즘을 적극적으로 이용해야 했다.

2. 관심 있는 글 찾아 읽기

먼저 아이들이 어떤 것들에 관심이 많은지 알아봐야 했다. 본인들이 관심 있어 할 글부터 제공한 다음, 서서히 내용을 확장시키고 글의 양을 늘려야 점차 글 읽기와 책 읽기에 관심을 가지게 되지 않을까? 똑같은 글이 아닌, 각자의 관심사와 수준에 맞는 글을 스스로 선택해서 읽게 해보면 글 읽기의 즐거움이나 재미를 느낄 수 있지 않을까?

교사 입장에서 보면, 교훈을 담고 있고 아이들이 읽으면 좋을 것 같은 글과 책은 차고 넘친다. 하지만 아이들이 읽지 않으면 그게 다 무슨 소용인가? 교사가 보기에는 훌륭하고 좋은 글이지만, 아이들한테는 그렇지 않을 수도 있다. 만약 그렇다면 아이들이 그 글을 읽는다 하더라도 아무 내용도 남지 않을 수 있다. 그러니 그 안에서 어떤 생각이나 깨달음을 얻을 수 있겠는가?

교과서에 실린 단편소설 한 편을 소리 내어 읽었지만 무슨 내용인지 잘 이해하지 못해 간단한 OX문제도 맞히지 못하는 아이들 아닌가. 아이들이 평생독자로 성장하려면 일단 글 읽기와 책 읽기에 재미를 느끼게 하는 일이 먼저였다. 그래서 과감하게 '한 권 함께 읽기'를 포기하고 아이들에게 선택권을 줬다.

추천 도서 목록 같은 것도 제공하지 않고 아이들에게 직접 골라보게 했다. 그래도 '19금'은 좀 곤란하다는 말과 함께 '아이들의 꿈, 생각' 같은 것들과 연관 있는 것부터 찾아 읽게 했다.

"자, 이번 활동은 세특과 연관 지을 거야. 각자 관심사나 진로와 관련 있는 책들을 한 권씩 골라 와. 그리고 그 책을 꾸준히 시간을 내어 읽으면서 가장 인상 깊은 장면 하나씩을 고르고 그걸로 시나리오 한 장면을 만들어볼 거야!"

일단 과세특에 반영한다니 상위권 아이들은 열정적으로 덤벼들었다. 하지만 대부분의 아이들은 그러지 못했다. 책을 어떻게 고르는 것인지조차 모르는 아이들이 많았다. 한 시간을 할애해서 아이들을 도서관에 데려갔는데, 내용은 상관없이 가장 얇은 책을 골라오는 아이, 표지가 예뻐서 마음에 들어 골랐다는 아이, 제목이 마음에 들어 그냥 가져왔다는 아이…… 각자 책을 고른 이유를 듣고 있자니 '이래서 추천 도서 목록들을 만드는구나.' 싶었다.

방법을 바꿔야 했다. 그래서 자신이 관심 있는 주제나 분야를 골라보게 했다. 물론 이조차 하기 싫어하는 아이들도 더러 있었다.

지안　선생님, 저는 관심 있는 게 없어요.

교사　너, 여자 좋아하잖아?

지안　예? 제가요?

교사　너 맨날 여자친구 바뀌잖아? 그것도 기술인데, 어떻게 보면 뭔가 이유가 있지 않겠어? 계속 차이는 이유?

지안　제가 뭘 차여요? 제가 그냥 놔주는 거죠.

교사　아니, 한번 찾아봐. 여자친구랑 오래 사귀는 방법, 뭐 그런 거.

지안이는 기분 나빠하면서도 여자친구와 오래 사귀지 못하고 금방 차이는 자신에 대한 궁금증이 생겼는지, 귀찮은 척하며 태블릿을 켜고는 검색창에 '연애기술'이라는 단어를 입력했다. 그러고 나서 관련 책들을 훑어보기 시작했다.

교사 아, 이 책 좋네. 이 책 내용 뭔지 한번 찾아봐.

지안 어떻게 찾아요?

교사 책 제목 클릭하면 그 책을 판매하고 있는 사이트랑 연결이 되는데, 그 사이트에 내용 요약 정도는 나올 거야. 차례도 나오겠지? 그럼 그 차례를 보면서 네가 원하는 내용의 책인지 한번 살펴봐.

현준 선생님, 저는 작곡가가 꿈인데 뭘 읽어요? 악보 읽어도 돼요?

교사 현준아, 악보 말고 작곡과 관련된 책 아니면 실제 작곡가가 쓴 수기나 에세이 같은 책이 있을 거야.

현준 그냥 네이버에서 제목 같은 거 찾아서 읽어도 되죠? 도서관 가기 귀찮아요.

교사 그래, 일단 읽어볼 책을 찾는 건 어떤 방법을 써도 괜찮아.

자신이 읽을 책을 어떻게 찾아보고 검색해 봐야 하는지조차 어려워하는 아이들이 많아 일대일로 코칭이 필요했다. 검색하는 것조차 귀찮아하는 아이들에게는 책을 한 권씩 추천해 주기도 했다.

2차시에 걸친 사전 작업으로 아이들은 각자 본인의 관심사와 수준에 맞는 책을 선정했다. 그 전에, 아이들이 고른 책들이 읽을 만한 것인지 하나하나 검색해 보고 대충의 내용을 미리 파악해 보는 과정이 좀 힘들기는 했다. 하지만 '본인들이 선택한 책이기에 그래도 흥미를 가지고 읽어주겠지.'라는 희망을 안고 사전 작업을 진행했다.

아이들은 의외로 선을 지켰다. 사전 작업을 진행하면서, 아이들이 읽기에 다소 유해한 내용이 담긴 책을 고르면 교체를 요구하려고 했지만, 그런 내용의 책을 고른 아이들은 별로 없었다. 물론 강한 정치색을 띤 책이나 폭력적·선정적 내용의 책을 고른 경우가 있었지만, 우려를 나타내면 거부감 없이 다시 다른 책을 골라 왔다.

각자 읽고 싶은 책을 정하고 나서 본격적으로 읽기에 들어갔는데, 먼저 고른 책들을 학교 도서관이나 인근 도서관에서 빌려오게 했다. 책을 고르기는 했으나, 책을 빌려 오는 것도 읽는 것도 싫다는 아이도 있었다. 그런 아이에게는 어쩔 수 없이 고른 책을 소개하고 있는 블로그 글이나 인터넷 서점의 설명 또는 서평이라도 읽게 했다. 무조건 글을 읽게 하는 것이 중요했기 때문이다.

책 한 권을 다 읽는 것은 아이들에게 정말 힘든 일이다. 수업 시간에 책만 읽게 할 수도 없는 노릇이고, 각자 시간을 내어 읽어 오게 하는 것도 불가능에 가까웠다. 그래서 애초에 한 권을 다 읽으라고 하지 않았다. 오히려 필요한 부분만 발췌해서 읽어도 좋다고 하니, 본인들이 발췌한 부분을 집중해서 읽는 모습을 보였다. 아이들에게 부담을 주지 않는 게 중요했다. 이 활동이 책 한 권을 무조건 다 읽어야 하는 강요가 되어버리면, 아이들은 요약본을 찾아 읽거나 책 읽기에 거부감을 가지게 될 것만 같았다. 이 단계에서 중요한 것은 본인들이 관심 있어 하는 주제들이 영상이 아닌 글로도 다루어져 있고, 그 글을 읽어보는 것 또한 흥미로울 수 있음을 경험하게 하는 것이었다. 글 읽기에 부담을 느끼지 않고 흥미를 가지는 것! 그게 가장 중요했다.

자신이 관심 있어 하는 주제의 글을 필요한 만큼만 읽기부터 시작했더니 아이들은 곧잘 집중해서 글을 읽어나갔다. 집중력이 좋고 적극적인 아이들은 책을 직접 사서 읽기도 했다. 오늘은 몇 쪽까지 읽었는데 어떤 부분이 재미있었다느니, 어떤 부분에서 느낀 점이 있었다느니 미주알고주알 떠드는 아이들도 생겨났다. 소수지만 책 읽는 즐거움을 알게 된 것 같아 폭풍 칭찬을 아끼지 않았다.

이 프로그램을 통해 평생독자를 몇 사람이라도 만들 수 있다면, 그것만으로도 가치 있는 일이 아닐까? 애써 욕심을 누르고 그런 생각으로 나 자신을 달래며 프로그램을 이어나갔다.

3. 나만의 책 만들기

문득 아이들이 책을 잘 읽고 있는지, 자신들이 고른 책의 내용을 잘 이해하고 있는지 궁금해졌다. 일대일로 한 명씩 붙들고 물어볼 수는 없는 노릇이었다. 그래서 사전에 교육과정을 재구성하며 진행하고자 했던 활동을 아이들에게 소개했다.

> "자, 지금부터는 너희들이 읽은 책에서 인상 깊었거나 다른 친구들에게 소개하고 싶은 부분들을 고를 거야. 그리고 그 부분을 우리가 지금 소설과 함께 배우고 있는 시나리오의 한 장면으로 각색해 보는 활동까지 할 거야. 간단하게 책의 내용을 소개하고 그 중 한 부분을 시나리오의 한 장면으로 각색해서 한 권의 책을 제작해 볼 건데, 2쪽 분량으로 만들 거니까 어렵지는 않을 거야. 혹시 어려우면 언제든 선생님한테 물어봐!"

2차시 정도로 제작 단계를 세워두고, 먼저 교사인 내가 만든 책을 아이들에게 시범적으로 공개했다. 첫 쪽에는 읽은 책에 대한 소개, 둘째 쪽에는 읽었던 부분에서 가장 인상 깊었던 장면을 시나리오로 만든 결과물, 이렇게 2쪽짜리 자료라 만들기가 그리 어렵지 않았다. 수작업으로 만드는 것보다는 인터넷으로 작업을 하는 것이 효율적일 것 같아 '북 크리에이터'를 이용했다.

책 소개 페이지

책 이름: 두근두근 내 인생

저자: 김애란

책 내용 간단 정리

17살에 부모가 된 미라네 부부와 선천성 조로증에 걸린 아들 아름이의 이야기이다. 선천성 조로증, 즉 빨리 늙는 병에 걸린 아들 아름이를 간호하는 엄마 미라는 씩씩하고 당차다. 아빠는 철부지 같아 보이지만 그 누구보다 아름이를 아끼고 사랑한다. 하루하루 병마와 싸우며 살던 아름이네 가족은 병원비 마련을 위해 방송에 출연하게 되고, 이 촬영을 계기로 아름이는 서하라는 여자아이에게 메일을 받는다.

서하와 메일을 주고받으며 하루하루 삶의 희망을 가지며 살아가던 아름이는 서하가 사실은 작가 지망생이라는 사실을 알게 되고 충격을 받는다. 이 일을 계기로 아름이는 실명하게 되고 삶의 희망을 놓게 된다.

하루하루 몸 상태가 나빠지는 아름이는 제야의 종소리를 들으러 가는 길에 엄마 품에서 하늘의 별이 된다.

미리 만든 자료를 보여주고 나니, 시작부터 부담감을 확 느끼던 아이들의 얼굴이 조금은 밝아지기 시작했다. 생각보다 어렵지 않겠다는 생각이 들었는지 아이들은 금방 작업을 시작했다. 물론 읽은 책을 소개하는 내용은 대체로 직접 작성하기보다는 어딘가에 나와 있는 소개글을 복사해서 붙여넣는 경우가 많았다. 아이들의 작업 내용, 속도 등을 조절하기 위해 지속적으로 순회하며 아이들에게 소개하는 내용에 대해 물

시나리오 각색 페이지

S#98. 대수의 택시 안, 어둠

힘이 없는 아름이는 미라의 무릎에 얼굴을 베고 누워 있다. 그런 아름이의 머리를 사랑스러운 손길로 연신 쓰다듬는 미라.

대수: (백미러로 힐끔 아름이를 보며) 아름아, 제야의 종소리 듣고 싶다고 했지? 조금만 기다려.

아름: (힘이 없는 목소리로) 아빠, 괜찮으니 천천히 가요.

미라: 그래, 운전 험하게 하지 마. 아름이 어지럽다. 우리 예쁜 아들, 힘들면 엄마한테 얘기해.

아름: (가까스로 엄마 얼굴을 보며) 엄마, 나 괜찮아요. 너무 걱정 마요. 그리고 고마워요, 엄마 아빠. 내 마지막 소원을 들어주셔서…….

대수: (깜짝 놀라며) 마지막이라니! 무슨 그런 말을 하고 그래. 어른 나아서 앞으로 연말마다 제야의 종소리 들으러 가야지.

아름: (NAR.) 내년 연말에는 우리 엄마 아빠, 그리고 엄마 뱃속 내 동생이 태어나 함께 제야의 종소리를 듣겠지. 나는 비록 함께할 순 없지만 하늘에서 늘 엄마, 아빠, 동생 지켜줄게요. 별똥별이 떨어지던 그날, 나는 떨어지는 별을 보며 소원을 빌었다. 앞으로 태어날 내 동생은 건강하게 해달라고…….

C.U. 눈을 감고 숨을 거두는 아름이의 얼굴.

어보기도 하고, 어떤 식으로 내용을 바꾸어 표현하면 좋을지 조언해 주기도 했다.

그대로 긁어 온 글을 다시 자신이 이해한 만큼 수정하고 요약하는 아이들이 생겨났고, 그런 모습을 보며 '글을 허투루 읽지는 않았구나.' 싶은 안도감이 들었다. 물론 끝까지 긁어 온 글을 고수하는 아이도 있었다. 하지만 그게 어디인가. 일단 긁어 온 글을 읽어는 봤는지, 무슨 말인지 이해는 했는지…… 확인하고 또 확인하며 폭풍 칭찬을 해주는 작업을 반복했다. 그래야 글 읽는 재미를 조금이나마 느끼지 않을까 하는 마음이었다.

한 사람도 빠짐없이 작업을 마쳤고, 아이들은 본인의 결과물을 '북크리에이터'에 업로드했다. 이 과정을 통해 자신이 읽은 책을 소개하고 다른 친구들이 읽은 책을 살펴보는 기회를 가질 수 있었다. 아이들은 자신이 작업한 결과물을 다시 한번 보는 것도 좋아했지만, 다른 친구들의 결과물을 보는 것에 더 흥미를 느꼈다. 그 과정에서 아이들은 많은 글을 읽게 되었고, 많은 책을 접할 수 있었다. 비록 자신이 읽은 책은 한 권이지만, 다른 친구들의 작업물을 살펴보며 90권이 넘는 책을 간접적으로 접하는 경험을 할 수 있게 된 것이다.

책 표지 결과물

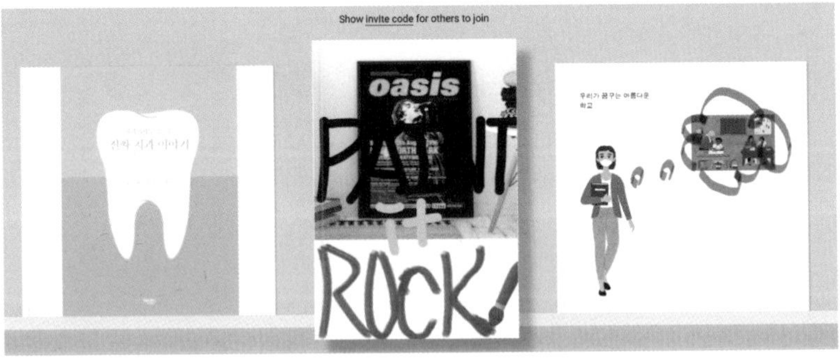

책 소개 페이지 결과물

책 이름: 배신의 식탁

저자: 마이클 모스

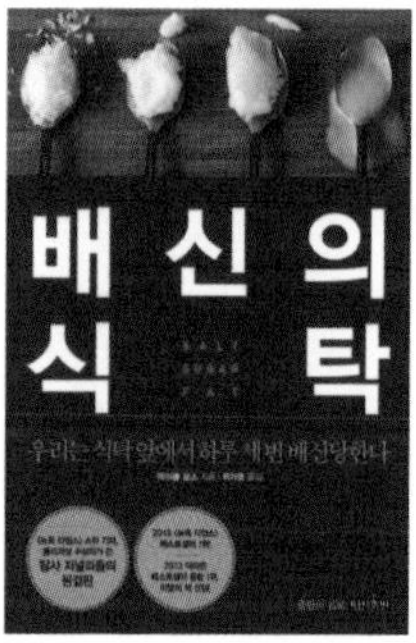

이 책에는 입맛을 다시게 하며 우리가 즐겨 먹는 맛있는 식품들이 나온다. 물론 가공식품이다. 이런 가공식품들에는 우리 몸을 병들게 하는 설탕, 소금, 지방이 들어 있다. 이 세 가지 물질은 그저 가공식품의 평범한 재료가 아닌 제품에 독성을 부여해 소비자를 사로잡는 마법의 물질이다. 소금은 가공 방식만 해도 수십 가지가 넘고, 처음 한 입을 베어 문 순간 혀끝을 짜릿하게 한다. 지방은 칼로리가 가장 높고 사람들이 음식을 손에서 놓지 못하도록 교묘하게 유도한다. 설탕은 뇌를 흥분시키는 원초적인 마력을 발휘한다. 특히 설탕은 거의 모든 식품의 성분을 구성한다고 말해도 과언이 아닐 정도로 위협적인 조미료이다. 매일 거의 하루도 거르지 않고 먹는 가공식품들. "빵, 요구르트, 요플레, 닭 날개 등 가공식품에 길들여진 몸이 무너진다."라는 문장이 무섭게 다가온다.

시나리오 각색 결과물

S#1. (학교에 다녀온 후 집)

딸: 엄마, 다녀왔습니다.

엄마: (밝은 목소리로) 어, 왔니?

딸: (기대에 찬 목소리로) 오늘 저녁은 뭐 먹어요?

엄마: 요즘 냉이가 제철이라 엄마가 냉이로 맛있는 요리 해줄게.

딸: (실망한 목소리로) 저는 라면 먹고 싶어요.

엄마: 라면은 얼마 전에 먹었으니, 오늘은 밥 먹자.

딸: 그러면 냉동실에 있는 치킨 먹을래요.

엄마: (화난 목소리로) 일단 방에 들어가 있어.

S#1. 안방에서

엄마: (착잡한 표정으로) C.U. 요즘 우리 딸이 왜 몸에 안 좋은 가공식품만 찾는 거지? 가공식품들에는 얼마나 많은 설탕과 소금과 지방이 들어가 있는지 모르는 건가?

4. 평가와 및 수업 후기

프로그램을 진행한 수업 차시가 예상보다 길어지다 보니 상위권 친구들의 불안감이 눈에 보였다. 이 프로그램 또한 평가와 기록의 일체화가 필요했다.

평가 내용

성취기준		[10국02-05] 자신의 진로나 관심사와 관련된 글을 자발적으로 찾아 읽는 태도를 지닌다.
재구성 평가 기준	상	자신의 진로나 관심사와 관련된 다양한 글을 자발적이고 적극적으로 찾아서 읽고 이를 바탕으로 완성도 높은 나만의 책을 제작할 수 있다.
	중	자신의 진로나 관심사와 관련된 다양한 글을 자발적으로 찾아서 읽고 이를 바탕으로 완성도 있는 나만의 책을 제작할 수 있다.
	하	자신의 진로나 관심사와 관련된 다양한 글을 읽고 이를 바탕으로 나만의 책을 제작할 수 있다.
평가 요소		자신의 진로나 관심사와 연관 지어 다양한 글 찾아 읽기, 책 제작하기

과목별 세부능력 특기사항

서사 갈래를 감상하며 인물, 사건, 배경 등을 분석하여 글을 이해하는 기본적인 태도도 올바르게 갖춰져 있지만, 더 나아가 주체적인 관점에서 작품을 이해하고 예술적인 부분 등을 유의 깊게 살피며 자신의 삶의 문제나 진로, 관심사 등과 연관 지어 읽으려는 심미적 감성 역량이 뛰어난 학생임. 교과서에서 접한 작품들과 내용, 표현, 형식 등에서 연관을 맺고 있는 다른 작품들을 찾아 읽는 적극적인 태도를 보였으며, 이러한 감상 내용을 정리하고 인상 깊은 장면을 시나리오로 각색하여 책을 제작하고 이를 학급 친구들과 공유하여

'연관 지어 읽기'를 완성도 있게 수행함.

아이들에게 작업물들이 모여 있는 사이트의 링크를 공유하고 시간이 날 때 언제든 들어가서 볼 수 있도록 안내했더니, 심심하면 들어가서 다른 반 친구들의 결과물을 본다는 아이도 생겨났다. 물론 좋아하는 이성 친구의 결과물을 보러 들어가서 그 친구와의 연결고리를 만들려는 아이도 있었다.

하지만 뭐 어떤가. 그러면서 아이들은 글을 읽고 또 읽었다. 자신들의 관심사와 진로뿐만 아니라 다른 친구들의 관심사와 진로를 추측해 보는 재미를 느끼는 아이도 있었다. 유튜브 영상이 아니라 다른 친구들이 쓴 글에 관심을 갖는 것, 그것만으로도 성공적인 프로그램이었다.

아이들의 수업 후기

- 중학교 때 '한 학기 한 권 읽기' 할 때는 다 똑같은 책을 읽어서, 애들한테 물어보면 내용이나 뭐 그런 거 알 수 있어서 좋았는데, 각자 읽는 책이 다르니까 이야기할 수 없어서 그건 좀 아쉬웠다. 하지만 내가 읽고 싶은 책도 골라보고 또 읽고 싶은 부분만 골라서 읽어서인지 크게 어렵지 않고 책 읽는 것도 재미있었다.

- 우리 학교 도서관 처음 가봄. 그래도 내가 읽고 싶은 책 읽게 해주셔서 감사합니다.

- 선생님 말 듣고 궁금해서 내 알고리즘을 찾아봄. 차마 말할 수 없음 ㅋㅋ

- 내 진로나 관심사랑 엮어서 책을 읽었는데, 일부만 읽어서인지 책 읽는 게 크게 어렵지 않았다. 또 읽다 보니 재미있어서 한 권을 다 읽었다. 책도 재미있다는 걸 알았고 종종 읽어야겠다.

- 시나리오 한 장면을 만들어야 하니 그 장면 찾는다고 꼼꼼하게 읽었던 것 같다. 애들마다 다 달라서 신기했고 '북 크리에이터'에서 내가 좋아하는 애가 뭘 썼는지 봤다. 나도 그 책 찾아 읽어봐야겠다.

이 활동의 유의점

학생들에게 자신의 관심사나 진로와 엮어 책을 고르게 할 때 자율성을 최대한 부여해야 한다. 조금 힘든 작업이지만, 아이들이 고른 책을 교사가 꼼꼼하게 검증해 봐야 한다. 또한 책을 고를 때 어떤 점에 유의하면 좋을지, 어떤 책을 고르면 좋을지 모르는 학생들이 많기 때문에, 가능하면 순회하면서 일대일로 피드백을 해주는 것이 좋다.

그리고 가능하면 이 활동을 진행할 때는 시험 기간을 피하는 게 좋다. 중간고사가 끝나거나 기말고사가 끝난 시점에 진행하면 학생들이 마음의 여유가 있어서인지 책을 더 잘 읽어 온다. 한꺼번에 한 권을 다 읽게 하는 것은 부담스러울 수 있으니, 이 활동은 자신이 좋아하는 것을 글로 접해도 재미있다는 사실을 깨닫게 하는 데 의의를 두고 접근하는 게 좋다. 책을 정말 읽기 싫어하고 어떻게 읽어야 하는지 잘 모르는 학생들도 있으니, 발췌독도 허용해 주면 좋을 것 같다.

이 활동을 하며 힘들었던 점 또는 한계점

학생들이 찾아온 책을 하나하나 검증하는 일이 상당히 힘들었다. 대체로는 어느 정도 선을 지켜 책을 골랐지만, 몇몇 학생은 19금 도서나 정치색이 짙은 책을 골라 오기도 했다.

'원하는 책을 골라 오라고 하고선 왜 이 책은 안 되는 거냐'며 반항 섞인 투정을 부리는 학생도 있었다. 일단 글을 읽고 싶어 한다는 점에 대해서는 칭찬을 해주고, 그 책을 정말 읽고 싶다면 개인적으로 읽어보고 수업 시간에는 다른 책을 읽는 게 어떻겠냐며 설득하는 작업도 힘들었다. 가끔은 '내가 이렇게 수업한다고 월급이 더 나오는 것도 아닌데, 이런 투정들을 감수하면서 계속 해나가야 하나?' 하는 고뇌에 빠지기도 했던, 어찌 보면 가장 힘들었던 활동이었다.

하지만 시간 가는 줄 모르고 책 한 권을 다 읽었다며 좋아하는 학생을 보며 뿌듯함을 느낄 수 있었던 활동이기도 했다.

start up

Theme

주제별 읽기

1. 다양한 분야의 글을 다루는 매체 찾기

다음은 본격적인 글 읽기 프로그램을 진행해야 했다. 문해력을 기르기 위한 출발점으로 어휘력 프로그램, 즉 교과서 어휘사전을 만들고 학습도구어(사고도구어) 수업을 매주 진행하면서 어휘력의 중요성은 꾸준하게 아이들에게 전달할 수 있었다. 그리고 '질문하며 읽기' 프로그램을 통해서는 문학 감상 문해력의 중요성을 알게 하고, '연관 지어 읽기' 프로그램에서는 자신들의 관심사나 진로와 연관된 책을 읽으며 글 읽기에 대한 흥미 느끼기를 시도해 보았다.

이제 중요한 것은 짧든 길든 실질적으로 아이들이 글 읽기를 즐기고 결과적으로 문해력을 기르는 일이었다. 그렇다면 아이들에게 어떤 글을 제공해야 할까?

이 질문에 대한 답을 구하는 일은 정말 너무 힘들고 괴로웠다. 영상에 익숙한 아이들, 16부작 드라마 전체보다는 한 시간짜리 요약본으로 보는 아이들, 그마저도 지루해하며 이제는 1분이나 30초짜리 숏폼을 즐기는 아이들. 이 아이들에게 꾸준하고 지속적으로 글 읽기를 강조하는 일과 또 글 읽기 제재를 제공하는 일은 그야말로 난제였다.

이번에도 아이들에게 선택권을 줘야 할까? 앞서 진행했던 '연관 지어 읽기'처럼 자신의 관심사와 진로에만 초점을 두어 읽기 제재를 고르게 할 수는 없었다. 앞의 프로그램에서 알고리즘을 적극적으로 이용했다면, 이제 알고리즘에서 한 걸음 물러나 아이들에게 다양한 글 읽기 제재를 제공해야 할 차례였다.

아이들은 알고리즘의 폐해로 제한된 분야에만 관심을 가진 채 살아가고 있었다. 하지만 이 세상에는 정말 많은 분야와 관심거리가 있고, 그와 관련된 다양한 글이 존재한다. '아이들은 이런 세상을 얼마나 알고 또 이해하고 있을까? 그러고 싶은 마음은 있을까? 다양한 분야에 관심을 가지고 다양한 분야에 대해 알고 있어야 이 사회의 일원으로서 건강하게 살아갈 수 있지 않을까?' 여기까지 생각이 미치자 갑자기 또 조급해졌다.

아이들의 문해력을 기르는 일은 단순히 글을 읽고 이해하는 능력만을 기르기 위한 것이 아니라, 이 사회의 일원으로서 건강하고 올바르게 살아가는 시민으로 성장시키기 위한 것이다. 이 프로그램을 성공적으로 마쳐야 하는 이유이기도 하다.

많은 분야와 다양한 주제의 글을 접할 수 있는 매체는 무엇일까? 백과사전? 요즘 아이들에게 백과사전이 웬 말인가? 챗GPT 대화창에 키워드만 입력하면 관련 내용이 쏟아져 나오는 이 인공지능 시대에……. 그렇다면 시사 잡지? 책 한 권을 온전하게 읽고 이해하는 것도 힘들어하는 아이들이 대부분인데 시사 잡지라니……. 아이들에게 시사 잡지를 내미는 순간, 원망의 눈초리가 가득할 것만 같았다.

그러던 어느 날, 첫째가 정기 구독하고 있던 어린이 신문이 눈에 들어왔다. 그래, 신문이다! 다양한 주제를 다루고 있고, 다양한 세상 이야기를 한눈에 볼 수 있는 글들이 모여 있는 바로 그것! 어쩌다 인터넷 포털사이트에 뜨는 흥미로운 기삿거리만 읽는 아이들에게 종이신문을 읽게 하자!

2. 신문 기사 꾸준히 읽기

방과후 수업에서 신문 사설 읽기 수업을 몇 번 해본 적이 있지만, 신문 기사를 직접 다룬 적은 없었다. 수많은 것들을 다루고 있는 신문이지만, 어떤 내용부터 제시해야 할지 처음에는 막막했다. 사설은 한 신문에 서너 개 정도라 수업 제재로 사용할 글을 고르기가 쉬웠는데, 신문 기사는 그 분야와 내용이 너무 많아서 고르는 일이 어려웠다. 또 종이 신문을 그대로 제공하려니 글씨가 너무 작아 처음부터 손사래 칠 아이들의 모습이 떠올랐다.

'첫째가 읽던 어린이 신문을 한번 줘봐?'

하지만 좀 위험이 따르는 일이었다. 어린이 신문이라는 사실을 알고는 자신들을 무시한다고 대들 아이들의 모습이 떠올랐다. 그렇다면? 어린이 신문이라는 사실을 숨기고, 일단 아이들에게 다양한 주제의 글을 제공해 주는데 의의를 두면 된다. 아주 쉬운 글부터 시작해서 글 읽기가 별거 아니라는 자신감을 좀 가지게 한 뒤 서서히 글의 수준을 높여가면 되니까.

첫째가 구독하는 어린이 신문의 기사를 한글로 타이핑해서 매주 아이들에게 건넸다. 'START-UP' 프로그램의 2단계였던 '학습도구어(사고도구어)' 수업의 도입 단계로 매주 던져줬던 이 글들은 역시나 아이들에게 글 읽기에 대한 자신감을 심어주었다.

“선생님, 이거 저희 읽으라고 가져오신 글 맞죠?”

국어영역 상위권 학생들은 열 줄 내외의 짧은 글을 금세 읽어냈다. 이 아이들에게는 좀 미안했다. ‘너희를 위해 수능 대비 방과후 수업에서 다양한 주제의 비문학 제재들을 제공해 주리라.’ 마음속으로 다짐하며 다른 아이들의 글 읽기 속도에 주목했다. 역시나 어린이 신문의 기사임에도 불구하고 글을 잘 이해하지 못하는 아이들이 한 반에 네다섯 명은 있었다.

‘이거…… 어린이 신문이라고 이 녀석들아! 어디서부터 잘못된 거야?’

읽는 속도가 느리거나 내용 이해에 어려움을 겪는 아이들이 있을 거라고 예상했지만, 생각보다 그 숫자가 많아서 절로 한숨이 나왔다. 하지만 다행스럽게도 대부분은 어린이 신문의 글을 잘 읽고 내용도 잘 이해했다. 그리고 그런 스스로를 뿌듯해했다. 자신의 문해력이 좋아진 것 같다고 기뻐하는 아이도 생겼다. 아이들이 글 읽기에 어느 정도 흥미를 느끼고 거부감이 다소 없어진 것 같았다. 이제 한 단계 나아가야 할 때이다.

교사 어때? 선생님이 일주일에 한 번 주는 신문 기사, 내용 이해하기 어렵지 않지?

학생 1 선생님, 저 아무래도 이번 모의고사에서 등급이 오를 것 같아요. 예전보다 글 읽는 속도도 빨라지고 내용 이해도 쉬워요!

학생 2 맞아요, 선생님. 글이 너무 쉬워요. 좀 어려운 거 주세요!

교사 그래, 다행이네. 글 읽기가 어렵지 않지? 그리고 글을 읽으면서 너희가 알게 되는 것들도 많지? 그러니까 앞으로도 꾸준히 이렇게 다양한 내용의 기사를 함께 읽어보자. 그리고 있잖아, 사실 선생님이 줬던 기사들, 그거…… 어린이 신문에 나왔던 기사들이야.

학생 3 어린이 신문이라니요? 저희 고등학생입니다!

일부 아이들은 허탈해했고, 일부 아이들은 그럴 줄 알았다는 반응이었다. 또 어떤 아이들은 자신이 어린이들이 읽는 신문 기사도 제대로 이해하지 못한다는 사실에 좌절하는 표정을 보였다. 자신의 머리를 쥐어뜯는 아이도 있었다. 더 좌절하기 전에 얼른 묘책을 써야만 했다.

"근데 이거 선생님이 보니까 어린이 신문 수준이 아닌 것 같은 기사도 있었어. 그래서 선생님이 신문사에 항의 전화하려고! 이거 정말 어린이 신문 맞냐고 말이야. 선생님이 봐도 이건 좀 어려운 내용이다 싶은 것들도 있었거든. 그러니까 너무 좌절할 필요 없어. 너희가 꾸준히 글을 읽었다는 것, 그리고 관심 없는 분야들, 예를 들면 정치나 경제, 사회, 스포츠 등등 여러 가지 분야들에 대한 글을 꾸준하게 읽었다는 것, 그게 중요한 거야!"

상처받은 아이들이 더러 있는 듯했지만, 그래도 정치, 경제, 사회, 세계, 환경, 스포츠, 연예 등등 자신들의 알고리즘에서 벗어나 꾸준하게 매주 하나의 글을 읽고 세상의 다양한 이야기에 집중했다는 사실이 중요했다. 제공된 기사들의 출생의 비밀을 밝히고 난 다음부터는 간간이 쉬운 내용을 다루고 있는 일반 신문 기사들을 섞어 제공했다. 눈치 빠른 상위권 아이들은 금방 어린이 신문이 아니라는 사실을 알아챘지만, 또 일부 아이들은 갑자기 어려워진 수준에 펜을 들기 시작했다. 글을 읽으면서 펜을 잡다니, 이 얼마나 놀랍고도 눈물겨운 변화인가! 물론 조금은 어려워진 수준 때문에 글 읽기에 흥미를 잃고 방황하는 아이도 생겨났다. 갈 곳 없는 눈동자를 허공에 두고 있는 아이들에게는 잽싸게 다시 어린이 신문의 기사를 제공했다. '시간을 헛되이 보내지 않고 조금이라도 글을 읽을 것!', '이 세상의 다양한 이야기에 귀를 기울일 것!', '영상이 아니라 활자를 눈에 익힐 것!' 아이들에게 꾸준히 다가가 주문처럼 외웠다.

가끔 아이들이 짠하게 느껴지기도 했다. 자신들이 얻을 수 있는 정보들, 알고 싶은 것들, 이 세상에 대한 다양한 이야기들을 글을 통해 얻어낼 수 있는 기쁨을 모르는 것만 같아서 안타까웠다. 특히 본격적으로 글을 읽는 단계인 이 프로그램에서는 아이들의 문해력 차이가 눈에 띄게 드러나 한숨으로 수업을 마무리하는 날이 많아졌다.

주어진 글을 잘 읽고 이해하는 아이들, 그리고 더 나아가 자신이 읽은 글에 대해 자신의 생각을 표현하는 글쓰기까지 할 수 있는 아이들은 역시나 어렸을 때부터 책을 가까이하며 성장한 경우가 많았다. 하지만 그런 아이들마저 중학교 이후로는 대개 교과서나 문제집을 우선시했다. 아이들이 그나마 읽는 책 또한 자극적이고 흥미로운 내용에 초점을 맞춘 것들이었다. 좀 더 생각할 수 있는, 단순한 이해에서 조금 더 나아가 자신의 생각을 확장시킬 수 있는 단계까지 가는 아이들은 많지 않았다. 그래도 이 아이들은 크게 걱정되지 않았다. 언제든 다양한 제재의 글을 제공하고 기회를 만들어준다면 어렵지 않게 세상을 이해할 수 있을 것이었다. 가장 큰 문제는 글자 자체를 띄엄띄엄 읽는 아이들, 그리고 방금 읽은 글도 무슨 뜻인지 잘 이해하지 못하는 아이들, 글 읽는 것 자체를 즐기지 않는 아이들이었다. 처음부터 나는 그 아이들을 끌어안아 보리라 마음먹었다. 이 세상을 이해하고 살아가는 데 큰 무리가 없는 어른으로 성장시키기 위해서.

그래서인지 이 프로그램을 진행하면서 어린이 신문조차 이해하지 못하는 아이들을 보며 화가 나거나 힘들지 않았다. 물론 정말 속 터지고 힘든 순간도 있었지만, '아이들은 얼마나 더 답답할까?' 생각하며 스스로 다독이고 앞으로 나아갔다.

그렇게 장기적인 프로젝트로 진행된 이 프로그램은 아이들에게 다양한 주제의 글 읽기를 경험하게 했고, 글 읽기가 그리 어렵거나 견디기 힘든 일은 아니라는 점을 알게 했다. 똑같은 수준의 글을 제공하기보다 아이들의 수준에 맞는 글을 제공하고, 단기적인 글 읽기에서 끝나는 것이 아니라 1년 동안 꾸준히 진행했던 것이 이 프로그램에서 가장 잘한 점이었다.

가끔은 글을 이해하지 못하는 자기 자신이 실망스럽고 화가 난다며 우는 여학생을 만날 수 있었다. 이 프로그램이 아이들에게 스트레스가 된다는 사실에 처음에는 충격을 받았지만 그렇다고 멈출 수도 없었다. 그냥 주어진 글만 읽으면 되는데, 그게 그리 힘들고 스트레스를 받는 일일까? 처음에는 이해되지 않았지만, 시간이 흐를수록 오히려 울거나 고민을 토로하는 아이들의 모습이 그렇게 예뻐 보일 수가 없었다. 주어진 글을 읽고 이해하지 못한다는 사실에 힘들어하는 아이들의 모습에서, 글을 잘 읽고 싶다는, 그래서 잘 이해하고 싶고 이 세상을 잘 살아보고 싶다는 의지가 느껴지는 것 같았기 때문이다.

어린이 신문을 읽고 빠르게 이해하는 것을 어려워하던 일부 아이들도 조금씩 변화된 모습을 보였다. 다리를 떨며 대충 읽고 치우던 모습에서, 시간이 지날수록 집중해서 빨리 읽는 변화를 보여줬다. 1년 동안 펼쳐지는 장기 레이스라서, 아이들은 어차피 주어진 시간에 선생님이 주는 글을 읽어야 하고 학습도구어(사고도구어) 공부도 해야 한다는 사실을 자연스럽게 받아들이는 것 같았다. 가끔 힘든 모습을 보일 때마다 입에 넣어주는 마이쭈를 받아먹으며 아이들은 조금씩 성장했다.

3. 소통하며 글 읽기

장기적으로 꾸준하게 다양한 주제의 글을 조금씩이라도 읽어보는 것이 중요하다는 사실을 이 프로그램을 통해 깨달았다. 그래서 이를 기초학력 미달 학생 보충수업과 수능 대비 국어영역 방과후 반에서도 적용했다. 농촌 지역 소재의 학교라 다문화 가정도 많을뿐더러, 어렸을 적부터 책과 가까이할 수 있는 환경이 아니었던 아이들이 많아 국어 기초학력 미달 학생이 매년 꾸준히 나오고 있었다.

실제로 수업을 해보니, 놀랍게도 글자 자체를 띄엄띄엄 읽는 수준인 아이도 있었다. 이렇게 글자 자체를 읽기 힘든 수준인데, 수업 시간이 얼마나 괴로웠을까? 이 아이들과의 수업에서 어린이 신문을 적극 활용했다. 어린이 신문은 고등학교 1학년 아이들이 읽기에는 수준이 낮을 수 있지만, 다양한 어휘와 여러 가지 주제를 다루고 있어 정해진 시간에 신문을 모두 읽어내는 것이 버거운 아이도 종종 있었다.

수업 시간에는 신문 기사 한 편 정도를 제공했다면, 기초학력 미달 학생 보충수업에서는 어린이 신문 전체를 제공하고 읽게 했다. 어린이 신문이라도 아이들이 뜻을 잘 모르는 어휘들이 있었지만, 읽으면서 한자어 공부나 논술 공부 등도 병행할 수 있는 좋은 재료였다. 이 아이들이 초등학교 저학년 때부터 이렇게 매일 어린이 신문에 실린 기사 한 편씩이라도 꾸준히 읽었더라면 얼마나 좋았을까. 하지만 이제 와서 이런 생각이 무슨 소용이겠는가. 지금부터라도 꾸준히 글을 읽고 생각을 키워나가면, 이 아이들의 10년 후는 놀라울 정도로 달라져 있지 않을까?

수능 대비 국어영역 방과후 반은 글을 읽고 이해하는 능력이 뛰어났던 상위권 친구들을 위해 마련한 수업이었다. 도시에 비해 인프라가 부족한 농촌 지역에서 꾸준히 1~2등급을 받아온 기특한 아이들. 이 아이들을 위해서도 다양한 제재의 글을 준비했다. 그러다 문득, 문해력이 부족한 아이들을 위해서 진행했던 나의 프로그램들이 상위권 아이들에게는 불필요한 것이었을지도 모른다는 생각이 들었다. 물론 평가에 반영하고 과세특에 기록을 해주고 있지만, 상위권 아이들의 입장에서 보면 나의 그런 수업이 답답했을 수도 있었을 것 같았다.

미안한 마음 반, 고마운 마음 반으로 준비한 방과후 수업에서 상위권 아이들의 수준에 맞는 글을 다양하게 찾아 제공해 줬다. 문제집에 나오는 기출 비문학 제재들뿐만 아니라 학술논문 사이트의 글들도 제공했다. 가끔은 아이들이 흥미 있어 할 만한 신문 기사들도 사용했다. 그리고 그 아이들을 위해서는 단순히 글을 읽는 것에서 나아가 다양한 주제의 글을 함께 읽은 다음 요약하고 질문하고 공유하는 작업까지 병행했다. 하나의 주제를 다루는 똑같은 내용의 글을 함께 읽고, 패들렛을 이용해 글의 내용을 요약하고, 모르는 부분이 있으면 질문을 한 뒤 이에 대한 답을 서로 공유하는 과정을 반복했다. 그러자 아이들은 글을 좀 더 꼼꼼하고 정확하게 읽으려고 노력하는 모습을 보였다.

상위권 아이들이라도 평소 교과서나 문제집의 글이나 인터넷상의 글들을 읽는 것이 전부였기에, 일주일에 한 번 방과후 시간을 이용하여 정치, 경제, 사회, 과학, 융합, 인문 등의 내용을 다루고 있는 글을 읽어보는 경험을 긍정적으로 평가했다. 시험에 대비하기 위해 문제집에 나오는 비문학 제재들만 읽다가, 세상의 다양한 모습을 이해하고 살펴보는 것에 관심을 가질 수 있어서 좋았다는 아이도 있었다.

다양한 주제의 글들을 꾸준하게 제시하는 일이 한편으로는 수고롭고 번거로울 수 있지만, 상위권 아이들과 하위권 아이들까지 모두 아우를 수 있는 의미 있는 과정이었다.

4. 평가 및 수업 후기

이 프로그램 또한 평가와 과세특을 신경 쓰지 않을 수 없었다. 평가 내용에 반영하고 열심히 참여한 친구들에게는 아래와 같은 과세특 내용을 기입했다.

평가 내용

성취기준	[10국02-03] 삶의 문제에 대한 해결 방안이나 필자의 생각에 대한 대안을 찾으며 읽는다.	
재구성 평가 기준	상	삶의 문제나 여러 주제를 다룬 글을 다양한 관점에서 읽고, 이에 대한 자신의 생각을 질문으로 제작하거나 완성도 높은 글로 쓸 수 있다.
	중	삶의 문제나 여러 주제를 다룬 글을 읽고, 자신의 생각을 질문으로 제작하거나 글로 쓸 수 있다.
	하	삶의 문제나 여러 주제를 다룬 글을 읽을 수 있고, 자신의 생각을 글로 쓸 수 있다.
평가 요소	필자의 의도 파악하기, 대안 찾으며 읽기, 다양한 관점에서 읽기	

과목별 세부능력 특기사항

자신의 흥미나 호기심 충족을 위한 단순한 선택적 읽기에서 더 나아가 다양한 주제와 문제의식을 담고 있는 글을 읽음. 내용 이해를 뛰어넘어 주어진 글 속 필자의 의도를 파악하고 이에 대한 질문을 만들어 답하며 읽는 등의 적극적이고 능동적인 읽기를 통해 자신의 배경지식을 확장하고자 노력함. 또한 글 속에 담겨 있는 문제의식과 문제 해결 방안, 필자의 생각에 대한 대안 등을 다룬 글을 함께 읽고 이에 대한 자신의 의문과 다른 친구들의 질문을 함께 공유하며 답글을 다는 활동을 통해 다양한 주제와 이에 담긴 다양한 생각들을 공유하는 의사소통 역량을 키움.

아이들은 이 프로그램을 통해 세상의 다양한 이야기들을 영상이 아닌 글로 접하는 기회를 가질 수 있었다. 자신들이 관심 있어 하는 것들을 유튜브 영상으로만 접하는 아이들, 클릭 한 번에 눈만 굴렸던 우리 아이들이 펜을 들고 한 줄 한 줄 글을 읽어나갔다.

왜 진작 아무도 알려주지 않았을까? 왜 아이들에게 글을 읽는 재미를 알려주지 않았을까? 글을 읽고 세상에 대해 생각해 보고 이해하는 기회를 왜 제공하지 못했을까? 글을 읽으면서 다양한 세상을 간접적으로 경험해 보는 즐거움을 아이들이 스스로 느끼고 깨달았다면 얼마나 좋았을까?

후회나 고민은 이제 멈춰야 했다. 낮은 수준이라도 오로지 글을 통해 세상에 관심 갖게 하기, 점차 그 수준을 높여가기, 고등학생이 글을 읽는다는 건 비단 국어영역 점수를 잘 받기 위해서가 아님을 알게 하기, 세상을 이해하는 다양한 방법 중에서 글을 통해 내가 겪어보지 못한 세상을 만난다는 건 신기하고도 소중한 경험임을 알게 하기……. 내 앞에 쌓인 할 일이 태산이었다.

아이들의 수업 후기

- 어린이 신문일 줄이야. 근데 우주 그 내용은 솔직히 진짜 어려웠다. ㅋㅋ

- 궁금한 게 있으면 네이버 검색하거나 구글 검색했는데, 거기 나오는 글도 많아서 사실 유튜브에서 동영상으로 많이 봤다. 지난번에 엄마가 새 텐트 사셨는데, 그거 설치하는 방법 모른다고 나한테 자꾸 물어봐서 유튜브 치니까 영상 나와서 따라 했다. 솔직히 영상 보면 쉽긴 쉬운데, 선생님 말대로 영상 보면 생각은 안 하게 되는 것 같다. 생각하려면 글을 읽어야 하는 것 같긴 한데, 좀 어렵다 아직.

- 선생님이 가져오시는 신문 기사 통해서 내가 별로 관심 없는 정치나 경제 내용도 알게 됐다. 정법 시간에 아는 척함!

- 다양한 주제의 글을 많이 읽어보라 하셨는데, 사실 나는 국어 비문학 문제집에서 지문들 통해서 많이 접하는 것 같다. 근데 수준이 너무 어려워서 좀 힘들다. 그리고 머리에 남지도 않는다.

- 세상에는 배워야 할 게 너무나 많은 것 같다.

이 활동의 유의점

처음부터 어린이 신문의 글이라고 하면 활동에 대한 신뢰감이 떨어진다. 그래서 어린이 신문이라는 것을 처음에 밝히지 않고, 직접 타이핑을 해서 수업 자료를 만드는 게 좋을 것 같다. 물론 어린이 신문의 기사가 고등학생 수준에 맞는 제재라고 볼 수는 없다. 그렇기 때문에 어린이 신문을 통해 여러 가지 주제에 관심을 갖게 하면서 글을 읽는 즐거움과 이해하는 즐거움 정도만 느끼게 한 뒤 글의 수준을 높이는 게 좋다.

기초학력 수업이나 최소 성취 수준 미도달 수업 같은 경우에는 어린이 신문에서 하나의 기사만 발췌독하는 것이 아니라 신문 전체를 다 같이 읽어보고, 혹시 모르는 단어가 있다면 그 뜻을 찾거나 중심 문장을 찾는 연습을 해보면 좋을 것 같다. 이 또한 일정한 시간이 지나면 글의 수준을 높여주는 게 좋다.

이 활동을 하며 힘들었던 점 또는 한계점

이 활동을 진행하며 아이들이 정말 글을 읽어본 경험이 많지 않다는 사실을 알 수 있었다. 소수의 상위권 학생들은 주로 문제집에서 접하는 비문학 제재나 교과서, 참고서 등의 글을 주로 읽었고, 하위권 학생들은 다섯 줄을 넘어가면 집중력이 흐트러진다는 사실을 알 수 있었다.

정치, 경제, 사회, 문화, 예술, 과학, 기술, 인문, 역사, 수학, 스포츠 등 다양한 분야를 다루고 있는 책들이 세상에는 차고 넘치지만, 학생들에게는 '그림의 떡' 같은 것이라는 회의감이 들었다. 다양한 분야를 한꺼번에 다루는 것이 신문 기사인데, 요즘은 종이신문을 거의 읽지 않으니 그것을 접하게 하는 것 또한 힘들었다.

무엇보다 자신이 알고 싶은 것들은 유튜브 영상이나 포털사이트 검색을 통해 알아내는 것이 익숙한 학생들에게, 책이나 글을 통해 무언가를 알고 깨닫고 생각하는 것이 중요한 행위라는 점을 느끼게 하는 것이 힘들었던 것 같다.

교사가 끊임없이 읽을거리를 제시해 주고 읽을 수 있는 환경을 만들어주는 것이 중요하다는 사실을 깨달았고, 이런 활동을 방과후 시간이나 자율 시간 등에 활용하면 좋을 것 같다고 생각했다. 하지만 정규 수업을 준비하는 것만으로도 벅차고 다른 업무들까지 병행해야 하는 지금 선생님들의 현실에서, 이런 환경을 학생들에게 꾸준히 제공해 준다는 것이 쉽지만은 않은 일이다.

start up

Us

함께 읽기

1. 《춘향전》 읽고 생각 나누기

이전 프로그램에서 똑같은 글을 읽고 나서 서로 다른 생각들을 주고받는 아이들의 모습을 보며 문득 이런 생각이 들었다.

> '똑같은 글을 읽어도 서로 생각하는 바가 다를 수 있다는 사실을 아이들은 얼마나 잘 받아들이고 있을까?'

> '글을 읽고 이해하는 능력인 문해력을 기르는 것이 첫 번째, 글에 담긴 숨겨진 의도를 파악하고 글쓴이와 대화를 나누는 능력을 기르는 것이 두 번째, 더 나아가 최종적으로는 다른 독자들과 생각을 나누는 능력을 기르는 것. 그것이 이 문해력 프로그램이 나아가는 방향이 되어야 하지 않을까?'

이렇게 내가 아이들에게 길러주고 싶은 문해력의 범위를 재정립해 보는 과정을 겪고 나니 '함께 읽기'의 중요성이 떠올랐다. 같은 글을 읽은 다른 사람들과 그 글에 대한 이야기를 나누어보는 과정 속에서 자신이 읽은 글을 다시 한번 더 정확하게 이해할 수 있을 테니까. 그렇게 'Us(함께 읽기)' 프로그램이 만들어졌다.

이 프로그램은 교과서 속 소설을 중심으로 6차시에 걸쳐 진행했다. 앞서 'Ask(질문하며 읽기)' 프로그램이 시로써 아이들의 문학 감상 문해력을 기르는 데 집중했다면, 이 프로그램은 소설 제재를 중심으로 서로의 의견을 주고받는 활동을 하는 데 집중했다.

먼저 아이들이 잘 알 만한 교과서에 실려 있는 제재로 접근했다. 지조와 절개, 신의 등의 어휘 뜻을 설명하느라 힘들었던 《춘향전》으로 간단한 생각 나누기 활동을 시도했다.

학생 1 춘향이는 좀 바보임. 이 도령을 왜 기다리냐? 아니…… 결혼을 했어, 약혼을 했어? 돌아온다는 말만 믿고 기다리는 바보 같은 여자가 어디 있냐? 진짜 한심하다.

학생 2 너무 사랑했다잖아.

학생 1 사랑? 어휴 그게 뭔데? 죽을 뻔했잖아. 죽으면 이 도령이고 나발이고 끝나는데……. 암튼 바보 같아. 쯧쯧.

1차시에 아이들에게 '실제로 만난다면 혼내주고 싶은 《춘향전》 속 인물'을 골라보게 했다. 그랬더니 의외로 '춘향'이라고 말하는 아이들이 많았다. 당연히 변 사또가 1등으로 언급될 줄 알았는데 충격적인 결과였다. 내가 의도했던 문해력이라면, 일단 아이들이 《춘향전》의 주제인 '변치 않는 사랑의 위대함'을 느껴야 했고, 지고지순한 춘향의 모습에 감동을 받아야 했다. 그리고 더 나아가 이 도령과의 해피 엔딩에 카타르시스를 느껴야 했다. 그것이 내가 생각한 글쓴이의 의도를 정확하게 파악한 감상 결과였다.

학생 1 선생님, 이 도령 어이없지 않아요? 자기 때문에 춘향이가 죽을 뻔했는데, 마지막까지 떠보잖아요. 진짜 재수 없어요.

학생 2 솔직히 월매도 이 도령이 돈 없는 백수였으면 춘향이랑 만나는 거 반대했겠죠? 집안 좋고 아빠가 직업이 좋으니까 허락한 거잖아요. 와,

흙수저는 서러운 세상!

생각지도 않게 춘향과 이 도령, 월매에게 쏟아지는 비판을 들으며 잠시 멍해졌다. 내가 의도한 건 이게 아닌데…… 소설을 정확하게 읽은 건 맞을까?

교사 그럼 《춘향전》은 주제가 뭘까?

학생 변하지 않은 사랑의 대단함? 위대함? 한 사람만 바라보는 춘향이의 마음?

아이들의 대답에 마음이 놓였다. 아이들은 글쓴이의 의도를 파악하고 있었다. 소설이 쓰인 이유, 소설의 주제도 알고 있었다. 아이들은 그렇게 글을 정확하게 읽고 있었다. 이것이 앞서 진행해 왔던 프로그램들 덕분이라고 자부하고 싶지만, 사실은 아이들에게 《춘향전》 이야기는 친숙한 제재였다.

이 1차시의 사전 준비 단계 수업에서 느낀 점은, 아이들의 생각은 정말 다양하다는 것이었다.

'이 글의 주제는? 등장인물의 성격은? 이 글의 내용과 일치하는 것은?' 이러한 글의 이해도를 묻는 질문에는 같은 답변을 하던 아이들이 '작품 속 가장 비판하고 싶은 인물 고르기, 춘향과의 사이를 반대하는 이 도령의 아버지에게 가출을 알리는 메모 써보기' 등에서는 서로 다른 다양한 생각들을 자유롭게 표현했다. 나는 후자의 질문들과 그 답변들이 더 의미 있다고 느꼈다. 그래서 꼭 '함께 읽기'를 해봐야 했다. 글쓴이의 생각을 이해하고, 나의 생각을 정리하고, 다른 사람들과의 대화를 통해 좀 더 깊게 읽기를 진행한다면, 내가 생각하는 좀 더 넓은 범위의 문해력 향상이 이루어질 수 있을 것 같았다.

2. 소설 함께 읽고 내용 이해하기

2차시에는 교과서 속 소설을 함께 읽었다. 윤흥길의 단편 〈종탑 아래에서〉였다. 처음에는 아이들에게 각자 읽어 오라는 미션을 줘야 하나 고민을 했다. 하지만 그 고민은 잠시였다. 분명 아이들은 유튜브에서 소설을 설명해 주는 영상을 보고 오거나 요약본을 읽어 올 거라고 생각했기 때문이다.

'소리 내어 함께 읽자'는 나의 제안에 처음에는 자신들이 초등학생이냐며 발끈했지만, 곧 교실은 아이들의 책 읽는 소리로 가득 찼다. 자신들의 속도에 맞춰, 또는 함께 책을 읽는 모둠원들의 속도에 맞춰 아이들은 소설을 읽어나갔다. 물론 다른 친구들의 책 읽는 소리를 자장가 삼아 조는 녀석들이 하나둘 생겨났지만, 끊임없이 순회하며 안마를 해준 나의 끈질김 덕분에 한 시간 동안 교과서 속 소설을 소리 내어 한 번 읽을 수 있었다.

"와, 완전 대견해! 40분 동안 꼬박 책을 읽었어!"

이게 대단한 일인가 싶겠지만, 실로 대단한 일이었다. 40분 동안 눈을 책에 고정한 채 함께 소리 내어 단편소설 한 편을 읽어내다니! 아이들도 나름 뿌듯해하는 것 같았다.

3차시에는 함께 읽었던 소설을 요약한 내용에 빈칸을 만들어두고 아이들에게 채워보게 했다. 그리고 내용의 이해도를 묻는 간단한 퀴즈를 풀게 했다.

학생　선생님, 교과서 봐도 돼요?

교사　응, 봐도 돼!

소리 내어 한 번 읽어서인지 아이들은 빈칸에 들어갈 내용들을 교과서에서 곧잘 찾아냈다. 물론 힘들어하는 아이도 있었지만, 이 과정을 통해 작품을 다시 한번 꼼꼼하게 읽는 기회를 줬다.

학생 1　헐, 내가 아까 이건 왜 못 봤지? 분명 읽었는데…….

학생 2　아, 이게 어디에 나왔더라?

자신이 분명 읽었던 내용임에도 불구하고 빈칸을 못 채워 넣는 아이들은 자괴감에 빠져 괴로워하기도 하고, 친구들에게 어떤 부분에서 나왔던 내용인지 물으며 멋쩍은 웃음을 짓기도 했다. 그런 모습들마저 참 예뻐 보였다. 아이들은 이 과정을 통해 자신들의 내용 이해도를 점검하고, 글을 꼼꼼하게 읽는 것이 중요하다는 사실을 깨달아가고 있었다.

학생 1　야, 이 소설 배경이 뭔지 우리가 어떻게 아냐?

학생 2　교과서 어휘사전 봐. 거기에 '전황'이라는 단어 있지? 전황이 전쟁의 근황이래. 이 단원 미리 보면서 우리 모둠에서 이거 뜻 모른다고 찾았었잖아. 혹시 전쟁 아냐?

학생 1　아…….

소설 속 시간적 배경을 묻는 질문에서는 교과서 어휘사전을 활용하기도 했다.

학생 명은이는 종을 치면서 무슨 소원을 빈 걸까?

소설 속 등장인물인 소녀가 자신의 소원을 이루기 위해 종을 치는 장면에서 아이들은 스스로 질문을 만들어내기도 했다.

학생 돌아가신 부모님 보고 싶다는 소원? 아니면 눈을 뜨고 싶다?

아이들은 앞서 진행해 왔던 문해력 프로그램들을 나름 활용하며 소설을 이해해 나갔다. 우리가 만들었던 교과서 어휘사전을 잊지 않고 활용하거나 '질문하며 읽기'를 시도해 보는 아이들의 모습을 보며, 포기하지 않고 함께 해오길 잘했다는 생각이 들었다.

학생 1 근데 주인공은 왜 명은이 부탁 들어준 거야?

학생 2 좋아서 그렇겠지.

학생 1 야, 남자는 좋아하는 여자가 무리한 부탁을 해도 다 들어주냐?

학생 2 뭐, 엄청 예쁘면…….

학생 1 그럼 예쁜 여자가 부탁하면 엄마, 아빠도 못 알아보겠다?

학생 2 근데 명은이가 예뻐서가 아니라 명은이를 좋아해서 부탁 들어준 거 아니야?

학생 1 아니, 그거나 그거나. 그럼 좋아하는 사람이 부탁하면 뭐든 들어줘도 되냐?

학생 2　뭐 어느 정도 선을 넘지 않으면?

학생 1　그 선이 뭔데?

글을 빠르고 정확하게 이해하는 아이들은 시키지 않아도 벌써 '함께 읽기' 단계를 진행하고 있었다. 글의 내용을 이해하고, 글쓴이의 의도를 파악하고, 더 나아가 자신의 생각을 표현하고 다른 사람과 생각이나 감상을 나누는 단계! 내가 원하던 문해력의 단계까지 벌써 밟고 있는 아이들의 모습이 대견했다.

3. '함께 읽기'를 바탕으로 웹툰 만들기

4차시에는 본격적으로 '함께 읽기'를 시도했다.

교사 자, 이제 <종탑 아래에서>를 함께 읽어볼 거야.

학생 잉? 지금까지 같이 소리 내서 함께 읽은 거 아니에요?

교사 그런 의미가 아니라, 너희들이 생각을 공유하면서 '다름'을 인정하고 서로의 생각을 잘 조율해 본다는 뜻이야.

'제발 그만!'이라는 표정을 지어 보이는 아이들이 더러 보였다. 그냥 소설을 읽는 것도 힘든데, 다른 친구들과 소설에 대해 이야기하며 생각을 공유하고 조율한다는 것이 얼마나 어려울까? 아이들을 안심시킬 흥미로운 무엇이 필요했다.

"너희들 웹툰 좋아하지? 웹툰 만들기 할 거야."

웹툰을 즐겨 보긴 하지만, 직접 만들어볼 거라고 하니 설렘 반 긴장 반인 모습들이었다. 처음에는 커다란 도화지를 주고 직접 웹툰을 그리게 할 생각이었다. 하지만 그러면 웹툰 제작에 시간이 많이 들기 때문에, 아이들끼리 소설을 읽은 감상을 공유하고 서로의 생각을 조율해 보는 시간이 부족할 것 같았다. 원래 '함께 읽기' 프로그램을 6차시로 계획한 것이라서, 남은 3차시 동안 할 수 있을까 걱정하고 있던 차에 '투닝(Tooning)'이라는 사이트를 알게 되었다. 이 사이트를 활용하니 4컷

만화 정도는 뚝딱하고 만들어졌다. 그래서 웹툰을 제작하는 시간을 벌어둘 수 있었다.

'함께 읽기'의 주제는 간단했다.

> 이 소설에서 가장 감명 깊었던 장면이나
> 기억에 남는 장면을 웹툰으로 제작해 보기

이는 아이들의 내용 이해도를 파악함과 동시에, 아이들의 다양한 생각을 엿볼 수 있는 활동이라고 생각했다. 역시나 아이들의 생각은 다양했다.

학생 1 '나'가 명은이 처음 보던 장면! '별빛이 내린다~ 샤랄랄라라라~' 이런 노래가 내 귓가를 울렸지.

학생 2 나는 명은이가 '나'한테 엄청 화내던 장면. 아니, 돌대가리 아니야? 할머니가 명은이한테 전쟁 이야기 하지 말랬는데, 그걸 까먹다니.

학생 3 명은이가 눈이 안 보이는데 주인공 얼굴 한번 만져봐도 되냐면서 만지던 장면에서 나도 설렘!

학생 4 난 백마 이야기. 백마 불쌍해. 이용만 당하고. 나도 민재한테 맨날 이용만 당해서 백마가 나 같았음.

뻔한 질문이었음에도 불구하고 아이들의 생각은 다양했다. 물론 글 읽기에 흥미가 없어 이 수업이 괴로운 몇몇 아이들은 친구들이 말하는 장면을 그대로 따라서 대답하기도 했다. 그런 아이들에게 '그 장면을 꼽은 이유'를 물어보면 우물쭈물 대답을 못 했는데, 모둠의 도장을 빼앗아 가겠다고 협박(?)을 하면 조금만 더 시간을 달라며 부리나케 책을 다시 읽어보는 성의를 보이기도 했다. 그렇게 한 명도 빠짐없이 이 주제에 대한 답변을 하게 했다.

5차시에는 아이들의 생각을 하나로 모으는 작업을 진행하면서 동시에 콘티 작업을 해야 했다. 각 모둠의 모둠장들이 주도하여 모둠에서 서로의 생각을 조율하기 시작했다. 공통 주제에 대한 서로의 생각을 공유하고 나누어보는 활동을 하면서, 같은 글을 읽어도 느끼는 바가 다르다는 점을 아이들이 자연스레 알아가기 시작했다. 나와 생각이 다르다고 무시하는 것이 아니라, 다른 친구들의 생각을 들어보고 공감도 하며 아이들은 조금씩 성장해 가고 있었다. 문해력을 기르기 위한 활동이었던 '함께 읽기'는 문해력뿐만 아니라 타인을 이해하는 힘까지 자연스럽게 길러주고 있었다.

서로의 생각을 조율한 뒤 하나의 장면을 선정한 모둠은 콘티 작업을 진행했다. 콘티는 간단하게 종이에 작성하게 했다. 콘티 작업을 매끄럽게 진행하는 모둠은 서로의 생각을 잘 조율하는 것은 물론 소설의 내용도 잘 이해하고 있었다. 자신들이 고른 장면 속 내용을 정확하게 이해하고 있었고, 이를 토대로 4컷의 콘티가 만들어졌다.

마지막 차시는 서로의 의견을 모아 만들어진 콘티대로 웹툰을 제작하는 활동이었다. 아이들은 투닝 사이트에 접속해 4컷짜리 웹툰을 완성해 냈다.

아이들의 웹툰 결과물

4. 평가 및 수업 후기

자신의 생각을 표현하고 다른 모둠원들과 생각을 조율해 가며 콘티를 제작하고 웹툰까지 제작해야 했던 6차시의 '함께 읽기' 과정을 잘 따라와 준 아이들이 참 기특했다. 이 프로그램을 통해 또 한 단계 성숙했기를, 글을 읽는 즐거움을 느꼈기를 마음속으로 바라며 프로그램과 연결된 평가를 진행하고 과세특으로 연결 지었다.

평가 내용

성취기준	[10국02-01] 읽기는 읽기를 통해 서로 영향을 주고받으며 소통하는 사회적 상호작용임을 이해하고 글을 읽는다.	
재구성 평가 기준	상	다른 구성원들과 영향을 주고받으며 같은 글을 읽고 한 장면을 선택하여 완성도 높은 웹툰을 제작할 수 있다.
	중	다른 구성원들과 같은 글을 읽고 한 장면을 선택하여 웹툰을 제작할 수 있다.
	하	글을 읽고 한 장면을 선택하여 웹툰을 제작할 수 있다.
평가 요소	작품 해석 과정의 소통, 내용 이해도, 웹툰 완성도	

과목별 세부능력 특기사항

읽기는 읽기를 통해 서로 영향을 주고받으며 소통하는 사회적 상호작용임을 알고 있으며, 주어진 문학 작품이나 글을 혼자서 이해하는 것에서 나아가 자신이 속한 모둠원들과 끊임없는 '질문하고 답하기' 과정을 통해 '함께 읽기'의 중요성을 깨달음. 교과 시간에 배운 문학 작품을 단순히 이해하는 것에서 나아가 모둠원들과 의사소통을 통해 장면 이해, 내용 이해 등의 과정을 거치고, 이러한 과정의 결과물로 배운 작품과 연관된 '웹툰'을 완성도 있게 제작함으로써 심미적 감성 역량을 키움.

아이들의 수업 후기

- 애들마다 생각이 달라서 놀랐다. 이야기하다 보니 싸우게 됐는데, 웃겼다. 근데 이몽룡은 진짜 나쁜 놈이다.

- 같은 내용을 읽었는데, 다 다른 장면을 골라서 웹툰 만들 장면 정하려다 보니 너무 오래 걸렸다. 자기주장이 너무 강한 모둠원들 만나서 힘들었다.

- 함께 글을 읽으라 하셔서 그냥 같이 읽으라는 뜻인 줄 알았는데, 그게 아니라 생각을 주고받으며 서로 다른 생각을 가지고 있다는 점을 알고 이를 인정하라고 하셔서 되게 중요한 점 같다고 생각했다.

- 요즘 세상이 좋아졌다는 걸 느낌. 웹툰을 이리 쉽게 만들다니……. 애들끼리 재미있게 작업해서 좋았고, 우리 모둠원들은 생각이 다 똑같아서 신기했다.

- 선생님께서 계속 돌아다니시면서 우리 이야기를 들으셔서 조금 부끄러웠다. 부끄럼 많은 애들만 모여 있어서, 자기 이야기를 하는 걸 좀 싫어했는데…… 그래도 서로 다른 생각을 가질 수 있다는 점을 알게 됐고 또 신기했다.

이 활동의 유의점

하나의 글을 읽고도 서로 생각이 다를 수 있다는 점을 의외로 학생들이 잘 받아들이지 못한다. 어떻게 그런 생각을 할 수 있느냐며 부정하고 비하 발언을 하는가 하면, 너랑 놀지 않겠다거나 말이 통하지 않는다는 등의 말들이 오고 가는 경우도 생긴다. 그래서 교사가 지속적으로 순회하며 모둠 활동을 지켜보면서 학생들의 발언에 공감도 해주고 서로 다른 생각을 할 수 있다는 점을 인정하게 해주는 수고를 해야 할 필요가 있다.

독서 토론 활동으로 진행시킬 수 있었지만, 좀 더 학생들이 흥미로워할 만한 활동으로 진행하고 싶다는 생각에, 가장 인상 깊은 장면을 찾아 웹툰 만들기를 시도했다. 하지만 독서 토론 활동으로 확장해 봐도 좋을 것 같다.

이 활동을 하며 힘들었던 점 또는 한계점

웹툰 만들기를 흥미로워하는 학생들이 많아, 자칫 이 활동이 글을 읽고 서로의 생각이 다르다는 점을 인정하고 다른 사람의 생각을 수용하고 공감해 줄 수 있는 '함께 읽기' 활동이 아닌 웹툰 만들기 활동으로 기억에 남을까 봐 걱정스러웠다. 이 활동을 하는 취지와 이유에 대해서 학생들에게 사전에 공지했지만, 빨리 생각을 마무리하고 웹툰 만들기로 돌입하려는 학생들이 많아 속도를 맞추느라 애를 좀 먹었다. '가장 인상 깊었던 장면 정하기'뿐만 아니라 서로 이야기를 나눌 수 있는 주제들을 더 많이 제시한다면, 학생들에게 이 활동의 취지와 목적이 더 설득력 있게 전달될 수 있을 것 같다.

start up

Prove

입증하기

1. 미디어 문해력이 절실한 아이들

프로그램의 마지막 단계는 아이들이 죽고 못 사는 스마트폰에 주목한 것이다. 스마트폰의 알람 소리에 눈을 뜨고, 깨자마자 틱톡이며 인스타며 새로 올라온 사진이나 영상을 확인하는 우리 아이들. 틈날 때마다 스마트폰을 들여다보며 그 속에서 재미를 얻는 아이들에게, 스마트폰은 이제 '없어서는 안 될, 그 무엇보다 소중한' 존재이다.

아이들의 생각이 궁금했다. 정말 스마트폰 없이 살 수는 없는지?

학생 1 아니, 폰이 없으면 심심해서 어떻게 견뎌요?

학생 2 전화장실 갈 때도 폰 들고 가요. 잘 때도 들고 자요.

학생 3 인스타 DM으로 친해진 여자애가 있는데, 폰 없으면 걔랑 연락도 못 하잖아요. 아직 한 번도 못 만나봤는데…….

이렇게 없어서는 안 될 스마트폰으로 아이들은 주로 무엇을 하는지도 물어봤다.

학생 1 유튜브 봐요. 먹방이요. 심야괴담회 이런 거도 봐야 하고.

학생 2 카톡이요! 선생님, 저 대화방이 36개예요. 저 완전 잘나가요.

학생 3 틱톡으로 영상 봐요!

학생 4 게임해야죠.

교사 스마트폰으로 글은 안 읽어? 뭐 예를 들면 신문 기사라든지?

학생들 예?

아이들은 황당하다는 표정으로 나를 쳐다봤다.

학생 글도 읽죠. 문자나 카톡이요.

처음에는 전자책 읽기나 스마트폰을 활용하여 신문 사설 읽기를 시도해 볼까 싶었다. 스마트폰을 활용하여 일상에서도 활용할 수 있는 글 읽기 프로그램을 만들면, 늘 손에 쥐고 있는 스마트폰으로 문해력 향상까지 이끌어낼 수 있지 않을까 하는 기대감 때문이었다. 하지만 이내 스마트폰으로 글 읽기는 큰 의미가 없을 것 같다는 결론을 내렸다. 수업 시간에 늘 스마트폰을 활용할 수도 없을뿐더러, 스마트폰으로 글을 읽다가도 금방 게임이나 SNS로 넘어갈 게 눈에 훤했다. 그렇지만 아이들과 떼려야 뗄 수 없는 스마트폰을 문해력과 연결 지어 활용하는 일은 굉장히 중요하다는 생각이 들었다.

요즘 아이들은 디지털 환경에 너무나도 익숙하지만, 디지털 세상 속에서 접하는 수많은 정보들을 얼마나 잘 파악하고 이해하고 있을까? 디지털 문해력, 즉 미디어 문해력을 얼마나 지니고 있을까? 적어도 내가 가르치는 아이들은 제로에 가까웠다.

유튜브에 뜨는 가짜뉴스를 진짜라고 믿으며 호들갑 떠는 아이들, 틱톡이나 인스타에서 유명한 사람들이 파는 물건을 사고 쓰레기라며 투덜대는 아이들, 자신이 좋아하는 연예인 기사에 달린 댓글을 읽으며 다수의 의견을 진짜라고 믿는 아이들…….

몇 년 뒤에 성인이 될 고등학생들임에도 불구하고 아이들의 미디어 문해력 수준은 꽝이었다. 그렇다면 문해력 향상 프로그램의 마지막은 미디어 문해력을 길러주는 방향이어야 한다는 결론을 내렸다. 아이들에게 스마트폰 사용을 멈추게 하는 물리적인 제재는 못 하더라도, 최소한 그 속에 담긴 수많은 정보들을 제대로 파악하고 진짜와 가짜를 구별하는 능력은 길러줘야 하니까. 애초에 이 문해력 프로그램을 진행했던 이유가 우리 아이들을 성장시켜 사회 속에서 건강한 구성원으로 살아가게 하는 것이었다면, 인터넷 세상 속에서도 그럴 수 있도록 도와줘야 하지 않을까? 그렇게 문해력 프로그램의 마지막 단계인 '입증하기'를 시작할 수 있었다.

2. 신문 기사의 특성 알기

'입증하기'는 총 4차시로 진행했다. 앞서 진행했던 '학습도구어(사고도구어)' 단계나 '주제별 읽기'가 1년 동안 이어지는 장기 프로그램이고 나머지 프로그램들도 6차시 정도였는데, '입증하기' 단계는 문해력 향상 프로그램 중 가장 짧은 활동이다. 다른 프로그램들에 비해 매체에 좀 더 치중한 '미디어 문해력' 기르기 활동이기 때문에 4차시 정도면 충분하다고 생각했다. 하지만 프로그램을 진행하고 나서 '차시를 좀 더 배정했다면 더 좋은 결과가 나왔을걸.' 하는 아쉬움이 있었다. 앞으로 '한 학기에 한 번씩은 꼭 이 활동을 하리라.' 다짐하며 마무리했던 활동이다.

앞서 진행했던 '주제별 읽기' 프로그램에서 활용했던 신문 기사들을 제재로 활용했다. 포털사이트 중앙에 배치된 수많은 신문 기사들 중 아이들이 관심 있어 할 만한, 그리고 다수가 이해하기 쉬울 만한 신문 기사들을 아이들과 함께 읽기로 정했다.

인터넷의 많은 글들 중 가장 신뢰할 만한 사실을 담고 있는 신문 기사를 제재로 정하고, 이것으로 가르쳐야 할 지식과 내용은 어떤 부분일지 고민했다. 과연 아이들은 신문 기사의 기본적인 형식이나 구성 방식, 문체 등을 이해하고 있을까?

교사　얘들아, 신문 기사를 읽을 때 어디부터 읽으면 전체적인 기사 내용을 잘 알 수 있을까?

학생　제목이요!

교사　그래, 맞아. 신문 기사의 큰 제목을 뭐라고 하지?

학생　큰 제목이요? 대제목?

우리 아이들에게 너무 어려운 질문이었다. 여기서 무시하는 말을 하면 기분 나빠하며 입이 삐죽 나올 가능성이 크니, 일단 칭찬을 던져야 했다. '크다'가 한자어로 '대(大)'라는 사실을 알고 있다며 칭찬을 해준 뒤 표제와 부제를 설명했다.

교사　그럼 신문 기사가 갖춰야 하는 중요한 특징은 뭘까?

학생 1　음, 일단 흥미를 끌어야죠. 자극적인 제목!

학생 2　아니지. 선생님, 사진이요 사진!

이 또한 우리 아이들에게 너무 어려운 질문이었다.

교사　사람들은 신문 기사를 왜 읽는 걸까?

다양한 답변이 쏟아졌다. 밤새 일어난 사건이나 사고를 알기 위해서, 새로운 소식을 알기 위해서, 그냥 포털사이트 메인에 뜨니까 등등.

교사　그럼 뭐가 중요할 것 같아?

학생　음…… 정확한 정보요?

스무고개 같은 질문과 답변을 여러 번 거치고 나니, 드디어 내가 원하는 대답이 나오기 시작했다.

교사 맞아. 정확한 정보를 얻기 위해서 신문 기사를 읽는 거지. 그렇다면 신문 기사에서 가장 중요한 것은 신뢰성과 정확성 아닐까?

내가 되묻자 아이들은 고개를 끄덕였다. 1차시의 수업을 통해 신문 기사의 기본 형식, 구성 방식, 문체의 특성, 그리고 신문 기사가 갖춰야 하는 요소 등에 대해 공부했다.

3. 인터넷 기사 비판적 읽기

2차시에는 '인서트러닝(Insert Learning)'을 이용하여 아이들과 함께 휴대폰이나 태블릿으로 하나의 인터넷 신문 기사를 공유하여 읽어보는 활동을 진행했다. 아이들은 1차시에서 배운 개념들을 적용하며 신문 기사의 구성 방식을 살폈는데, 처음 신문 기사를 읽을 때보다 더 집중해서 읽었다. 표제와 부제에 주목해서 신문 기사의 내용을 미리 유추해 보고, 기사를 읽으며 문단별로 중심 문장을 찾아보기도 했다.

함께 머리를 맞대고 신문 기사를 읽으며 신뢰성과 정확성을 뒷받침하는 근거들이 있는지, 모르는 어휘들이 있는지, 의견이 한쪽으로 치우치지 않았는지…… 아이들은 그 어느 때보다 집중력 있게 인터넷 신문 기사를 읽어나갔다.

교사　신뢰성과 정확성은 어떻게 알 수 있지?

학생　음…… 그래프나 뭐 통계 결과? 해외에서 연구했다는 뭐 그런 거요?

교사　맞아. 그럼 그걸 그대로 믿을 수 있을까?

학생　만약 그게 가짜면 이거 쓴 사람 벌 받지 않아요?

아이들에게 그래프나 통계 결과가 신뢰성이 있는지 알아보는 법, 해외 연구논문들을 찾아보는 법 등도 알려주었다. 대부분의 아이들은 '신문 기사는 기자의 이름을 걸고 쓰는 거니까 사실이지 않겠냐'며, 선생님은 너무 세상을 부정적으로 보는 것 같다고 했다. 찾아보기 귀찮으니 이제는 가르쳐주는 선생님한테 화살을 돌리는 것 같아 서운하기도 했지만, 따지고 보면 아이들의 말에도 어느 정도 일리가 있었다.

교사　그래, 맞아. 신문 기사는 기자 이름을 걸고, 또 신문사의 이름을 걸고 쓰는 거니까 신뢰성과 정확성이 다른 글들보다는 높겠지? 근데 정말 기자나 신문사의 생각이 1도 반영되지 않을까?

이 문제를 더 확실히 보여주기 위해, 같은 내용을 다루고 있지만 표제의 방향이 교묘하게 다르거나 인용한 사진의 포커스가 다른 경우 등을 찾아서 아이들에게 보여줬다. 우리나라의 여러 신문사 중 5개 정도를 간추려 한날한시의 메인 기사들을 편집해서 보여주니, 내가 봐도 다루고 있는 내용에 대해 그 신문사 또는 그 기사를 쓴 기자가 어떤 감정과 생각을 가지고 있는지 알 수 있었다.

학생 1　선생님, A 신문사는 대통령을 싫어하나요? 대통령이 너무 찡그리고 있는 사진을 썼어요. 그리고 표제에도 '지시!'라는 단어를 썼어요. 지시가 막 이래라저래라 시키는 거 아닌가요?

학생 2　B 신문사는 대통령 얼굴이 대문짝만하고 반짝반짝 빛나요. 표제에는 '제시!'라고 썼는데요? 와, 이 기자는 대통령 좀 좋아하는 듯!

2차시의 활동을 통해 아이들은 신문 기사를 읽을 때 신뢰성과 정확성을 판단하며 읽는 것은 물론, 기자와 신문사의 의도를 파악하고 읽어야 한다는 점을 자연스레 알게 되었다. 신문 기사 문해력이 자연스럽게 획득되는 순간이었다.

신문 기사가 아닌 다른 내용들은 어떨까? 아이들이 즐겨 보는 유튜브며 인스타, 틱톡, 그리고 메인 포털에 올라오는 지식iN의 내용들, 검색창에 키워드를 치면 쏟아져 나오는 정보들, 요즘 대세인 챗GPT 등등. '그것들이 과연 믿을 만하냐?'라는 나의 질문에 아이들은 잠시 생각에 잠기는 듯했다.

신문 기사는 기자와 신문사의 이름을 걸고 쓰기에 어느 정도 신뢰성과 정확성을 획득할 수 있지만, 다른 것들은 출처가 명확하지 않은 경우가 많았다. 그 지점에서 아이들은 아차 싶은 듯했다. '이때까지 누가 쓴 글인지도 모르고 다 믿었구나.', '다 진짜라고 생각하고 살았구나.'라는 생각이 들었기 때문일 것이다. 그런 아이들의 모습을 보니, 반은 성공했다는 생각이 들었다. 이제 아이들은 스마트폰으로 어떤 정보를 얻을 때 출처를 확인해 볼 것이고, 신뢰할 만하고 정확한 정보인지 의심해 볼 수도 있을 테니까.

교사 앞으로 인터넷으로 어떤 정보를 찾아 읽을 때 어떻게 읽을 거야?

학생 1 먼저 누가 쓴 글인지 찾아보고, 왜 썼는지 생각해 보고, 또…….

학생 2 자료가 믿을 만한지 찾아보고?

교사 유튜브에 나오는 영상 보고 쫓아와서 선생님한테 지구 멸망이 얼마 남지 않았다는 헛소리 할래 안 할래?

4. 카드뉴스와 쇼츠 만들기

남은 2차시는 아이들이 즐겨 보는 동영상 쇼츠와 카드뉴스를 직접 만들어보기로 했다. 제작자로 변신하여 한 편의 쇼츠와 카드뉴스를 제작해 보는 과정을 통해, 짧은 시간과 작은 지면 안에 어떻게 하면 정보를 내실 있게 담아낼 수 있는지, 주의할 점은 무엇인지 등을 자연스럽게 배울 수 있지 않을까?

1, 2차시 때 읽었던 신문 기사 가운데 하나를 선정하여 카드뉴스를 만들어보게 했다. 읽었던 신문 기사를 카드뉴스로 옮길 때는 그 글에서 핵심적인 내용들만 간략히 요약해서 제시해야 한다. 카드뉴스를 제작할 때 그 핵심 내용을 선별하는 과정이 굉장히 중요했다. 신문 기사를 읽으며 중심 문장을 찾아야 하는 활동이라 아이들의 문해력 향상도를 파악하기에도 좋은 활동이었다. 물론 '함께 읽기'를 진행하는 모둠도 더러 있었지만, 대체로 아이들은 중심 문장과 글에서 말하고자 하는 핵심 내용을 잘 뽑아냈다.

누구나 쉽게 만들 수 있는 다양한 디자인 툴을 제공하는 '미리캔버스'와 '캔바'를 아이들에게 알려주고, 작업하기 편한 사이트를 모둠에서 고르게 했다. 제작 틀이 있어서인지 아이들은 카드뉴스를 뚝딱 만들어냈다. 그리고 단일 이미지를 여러 장 모아 동영상 쇼츠를 만드는 활동을 4차시로 이어나갔다.

이 활동을 하며 카드뉴스 제작하기와 쇼츠 만들기에 재미가 들려 유튜버를 하겠다며 진로를 바꾸는 아이도 더러 나왔다.

지난 시간에 모둠별로 정리한 신문 기사의 내용을 옮겨 기록하세요.

카드뉴스로 제작할 내용에 대한 정보를 옮겨 기록하세요.

콘티 작업

학생　선생님, 카드뉴스랑 동영상 만드는 게 이리 쉬운 일인지 몰랐어요. 저 유튜버 할래요.

교사　응, 맞아. 요즘은 제작 틀을 제공하는 사이트가 많아서 마음만 먹으면 한 시간 안에도 카드뉴스를 만들 수 있어. 그러니 가짜 정보를 담은 카드뉴스들이나 쇼츠들이 얼마나 많겠어?

4차시에 걸친 짧은 활동이었지만, '입증하기' 프로그램은 아이들에게 많은 깨달음을 준 듯했다. 앞선 프로그램들이 어휘력 기르기와 다양한 글 읽기 방법으로 아이들의 문해력을 길러주는 역할을 했다면, 이 마지막 '입증하기' 단계는 그야말로 아이들의 일상 속 문해력을 길러주는 피날레와 같았다. 매 순간 스마트폰과 함께하는 우리 아이들이 그 수많은 정보의 홍수 속에서 제대로 된 문해력을 발휘할 수 있는 씨앗을 심은 셈이다. 그럼에도 '학습도구어(사고도구어)' 프로그램이나 '주제별 읽기' 프로그램처럼 1년 단위의 장기 프로젝트로 진행했으면 좋았겠다는 아쉬움이 남는 활동이다.

아이들이 미디어 문해력을 길러 스마트폰을 사용한다면 우리가 우려하는 상황들이 조금 덜 발생하지 않을까 하는 생각에, 수업 말미에 아이들에게 이렇게 당부했다.

> "인터넷에 있는 모든 정보들이 진짜는 아니니까, 우리 이번 수업을 통해 배운 것들 잊지 말자! 비판적 읽기! 누가 썼는지, 근거는 무엇인지 항상 생각하기, 알겠지?"

5. 평가 및 수업 후기

평가 계획을 작성하긴 했지만 짧은 4차시의 활동이라 실제 평가에 반영하지는 않았다.

평가 내용

성취기준	[10국02-02] 매체에 드러난 필자의 관점이나 표현 방법의 적절성을 평가하며 읽는다.	
재구성 평가 기준	상	필자의 관점이나 표현 방법의 적절성을 평가할 수 있는 기준을 만들고, 이를 중심으로 매체를 체계적으로 분석하며 읽을 수 있다.
	중	필자의 관점이나 표현 방법의 적절성을 평가할 수 있는 기준을 만들고, 이를 중심으로 매체를 분석하며 읽을 수 있다.
	하	필자의 관점이나 표현 방법의 적절성을 평가할 수 있는 기준에 따라 매체를 읽을 수 있다.
평가 요소	매체 특성 인지, 매체 평가 기준 제작, 매체 분석하며 읽기	

의도하지는 않았지만, '입증하기' 프로그램은 언론 쪽이나 정치·사회 계열 쪽으로 진로를 정한 친구들이 열정적으로 참여하는 모습을 보였다. 열심히 따라와 준 아이들에게는 과세특을 선물해 주었다.

과목별 세부능력 특기사항

인터넷 매체의 발달로 정보의 홍수 속에 살아가고 있는 현시대에서 중요한 것은 다양한 정보들 속에서 진짜와 가짜를 구별하는 능력, 즉 미디어 리터러시라는 사실을 알게 됨. 인터넷 신문 기사를 모둠원들과 공유하여 분석적·비판적 읽기를 진행하며 진짜 뉴스와 가짜 뉴스를 구별하는 방법에 대해 알게 되었고, 이를 정리하여 학급 친구들 앞에서 발표함. 또한 직접 카드뉴스를 제작하는 과정을 통해 신뢰도 높은 기사를 쓰기 위해서 유의할 점이 무엇인지에 대해 확실하게 인지함.

어느 날, 복도에서 마주친 한 아이가 슬쩍 말을 건네왔다.

"선생님, 제가 어제 처음으로 제 발로 도서관에 가봤어요. 그리고 아빠가 받아 보시는 종이신문에서 기사도 하나 읽어봤어요."

아이의 지나치듯 흘리는 이 한마디가 나를 울컥하게 만들었다.

'성장하고 있구나. 자라고 있구나. 잘 크겠구나. 그래, 욕심내지 않아야지. 내가 가르친 아이가 도서관에 가봤다는데, 신문을 읽었다는데, 이것만으로도 가치 있는 일을 한 게 아닌가! 앞으로도 지치지 않고 나아가야지.'

아이들의 수업 후기

- 진짜 정보랑 가짜 정보를 구별하라고 하시는 게 무슨 뜻인 줄 몰랐는데, 이제 알게 됐다.

- 우리 할머니가 엄마한테 자꾸 카톡으로 이상한 거 보내시는데, 할머니께 내가 알려줘야겠다. 가짜 뉴스를 많이 보심.

- 신문 기사도 구성 방식이 따로 있다는 걸 알게 되었고, 구성 방식을 알고 보니 내용 이해하기가 더 쉬웠다. 그리고 인터넷에 있는 정보들을 다 그냥 믿어서는 안 된다는 생각이 들었다.

- 대통령 기사가 신기했다. 어떤 신문사는 부정적인 것 같고, 어떤 신문사는 긍정적인 것 같았다. 또 생각에 따라 신문 기사를 달리 쓸 수 있다는 점을 알게 되었다. 그래서 여러 신문사의 기사를 골고루 보라고 하셨는데, 진짜 중요한 말인 것 같다.

- 카드뉴스랑 쇼츠 만들 때 생각보다 쉬웠다. 유튜버가 하고 싶어졌다. 청소년들이 알면 좋은 정보들을 카드뉴스나 쇼츠로 만들어서 공유하는 채널을 만들고 싶다.

이 활동의 유의점

아이들이 주로 접하는 신문 기사는 연예인과 관련된 기사나 대형 사건·사고 등이다. 또 신문 기사의 특징이나 구성 방식 등을 잘 모르는 경우가 대부분이다. 그래서 1차시에는 반드시 이 부분을 설명해 주는 게 좋다. 신문 기사에는 한자어가 많아 그 뜻을 모르고 어려워하는 아이들도 많으니, 어휘 뜻을 찾아보는 활동을 병행하는 게 효과적이다.

미디어 리터러시에서 중요한 것은 인터넷의 수많은 정보 중 진짜 정보와 가짜 정보를 잘 구별하고 선별해서 수용하는 법을 배우는 것이다. 학생들에게 가짜 정보를 그대로 믿어서 곤란했던 경험이 있었는지, 그때 왜 그랬고 무엇을 느꼈는지, 그리고 왜 그 내용을 믿게 되었는지 본인의 경험담을 적어보게 하고 서로 공유하면 진짜 정보와 가짜 정보를 구별해야 하는 필요성을 더 잘 알게 될 것이다.

아울러 정보의 신뢰성이나 정확성 등을 어떻게 하면 판단할 수 있을지, 이와 관련된 교사의 시범 보이기도 중요한 것 같다.

이 활동을 하며 힘들었던 점 또는 한계점

인터넷에서 접하는 정보들 가운데 오류가 있거나 잘못된 정보들을 판단하려면 누가 쓴 것인지, 왜 쓴 것인지, 근거는 무엇인지, 근거에 신뢰성이 있는지 등 여러 가지를 고려하는 과정을 거쳐야 했는데, 이를 귀찮아하는 아이들이 많아 힘들었다. 또 미디어 리터러시의 중요성을 깨닫게 하는 더 다양한 활동이 있었으면 좋았겠다는 아쉬움이 남는다.

이 활동은 단기적인 활동이나 일회성 활동이 되어서는 안 되고, AI와 인공지능 등 디지털 대전환의 시대를 살아가고 있는 우리 아이들이 인터넷 세상 속에서도 건강한 구성원으로 문해력을 지니고 살아갈 수 있도록 장기적이고 꾸준한 활동으로 이어져야 할 것이다.

에필로그

누군가가 나에게 물었다.

"수업 준비할 시간이 있어? 업무도 많고…… 굳이 그렇게 힘들게 살 필요가 있나?"

사실이다. 교사는 수업만 하는 사람이 아니다. 출근하면 쏟아져 나오는 공문 처리부터 각종 문서 업무, 담당 업무로 인한 회의……. 제대로 된 수업 준비를 해본 적이 손에 꼽을 정도로 나는 늘 바빴다. 가끔은 '내가 교사일까, 행정 업무를 하기 위한 공무원일까?' 하는 회의감이 들 정도로 힘든 나날이었고, 지금도 그런 나날을 보내고 있다. 나는 아이들을 가르치기 위해 교사가 되었는데, 정작 아이들을 잘 가르치기 위해 준비해야 하는 시간적 여유가 없는 일상이 늘 답답했다.

그러던 어느 날, '고지식한 승윤이' 같은 아이들을 만나게 되었고, 수업에서 만나는 우리 아이들을 둘러보게 되었다. 그리고 국어 교사가 되겠다고 마음먹었던 그때를 떠올려보았다.

'뭐라도 해야 하지 않을까? 문해력이 문제라고 온 세상이 떠들고 있는데, 국어 교사인 내가, 아이들을 이 세상의 건강한 구성원으로 살아가게 하려면 가만히 두고 볼 수만은 없지 않을까?'

이 생각 하나가 나를 여기까지 이끌고 왔다. 내가 계속 앞으로 나아갈 수 있을지는 단언하기 힘들다. 그만큼…… 혼자 걸어온 그 과정이 힘겨웠기 때문이다. 하지만 멈출 수는 없을 것 같다.

이제 함께 달려보고 싶다. 이 책을 읽고 계시는 선생님들과 함께, 우리 아이들을 이 세상의 건강한 구성원으로 성장시키기 위해, 그리고 글을 읽는 즐거움을 아는 어른으로 키우기 위해!

손잡고 국어수업 02 왜? 어떻게?

START-UP 문해력 수업

1판 1쇄 발행일 2024년 8월 26일

지은이 안연규

발행인 김학원
발행처 (주)휴머니스트출판그룹
출판등록 제313-2007-000007호(2007년 1월 5일)
주소 (03991) 서울시 마포구 동교로23길 76(연남동)
전화 02-335-4422 **팩스** 02-334-3427
저자·독자 서비스 humanist@humanistbooks.com
홈페이지 www.humanistbooks.com
유튜브 youtube.com/user/humanistma **포스트** post.naver.com/hmcv
페이스북 facebook.com/hmcv2001 **인스타그램** @humanist_insta

편집책임 문성환 **편집** 윤무재 **디자인** 장혜미
용지 화인페이퍼 **인쇄** 청아디앤피 **제본** 민성사

ISBN 979-11-7087-237-5 04370
979-11-6080-987-9 (세트)